UM/WELT
NR.3

BETTINA LUDWIG

UNSERER ZUKUNFT AUF DER SPUR

WER WIR WAREN, WER WIR SIND, WER WIR SEIN KÖNNEN

Inhalt

Inhalt

Vorwort

Die Zukunft stellt uns alle immer wieder vor Rätsel. Obwohl wir wissen, dass sie nie wirklich greifbar sein wird und nur bedingt planbar, versuchen wir gleichzeitig immer mehr über sie zu erfahren. Dieses Buch verfolgt dasselbe Ziel. Was müssen wir über den Menschen erfahren, um zu verstehen, dass wir für die Zukunft gemacht sind? Das ist die Frage, die uns durch die folgenden Seiten leitet. Die Antworten haben viel zu tun mit kultureller Diversität, der Fähigkeit zur Wissenschaft und ganz zentral auch mit einer lange wenig beachteten und einzigartigen Fähigkeit des Menschen: dem Spurenlesen.

Dieses Buch entstand als Folge einer Beobachtung, die sich vor allem während der globalen Pandemie immer mehr bemerkbar machte: Menschen stellen die Zukunft in Frage. Ist die Welt von Morgen tatsächlich für uns gedacht – und sind wir für sie gerüstet? Die unaufhaltbare Schnelllebigkeit unserer Zeit, die Anhäufung unnützen Besitzes, eine scheinbar steigende Gewaltbereitschaft und die moralische Entkoppelung von der Natur sind jedenfalls Phänomene, welche vielen von uns nicht zukunftswürdig erscheinen. Die folgenden Kapitel zeigen, dass all das weder zur Zukunft noch zur Gegenwart gehören muss. Dazu begeben wir uns auf die Spuren der Kultur von Jägern und SammlerInnen in der Jetzt-Zeit. Wir erfahren, was es bedeutet, in einer Gesellschaft zu leben, in der Zeit keine große Rolle spielt, in der die Tage nicht in Stunden und die Jahre nicht in Monate eingeteilt werden. Wir setzen uns mit der Frage auseinander, ob der Mensch von Natur aus gewaltbereit ist oder nicht. Wir decken so manchen Mythos auf, wenn es um die sagenumwobene Naturverbundenheit bei sogenannten *Naturvölkern* geht. Und wir sehen uns an, wie es sich in einer Welt lebt, in der es kein Konzept von Besitztum gibt. Der Dreh- und Angelpunkt all dieser Beispiele ist *Kultur*, die Fähigkeit, die es uns als Menschen ermöglicht, Diversität zu leben und unterschiedlichste Formen des Zusammen-

Lebens zu entwickeln. Es geht darum, zu begreifen, dass der Mensch von kultureller Diversität zehren kann, sie braucht, um Zukunft zu denken. Weg von *Zurück-zum-Ursprung*-Gedanken schreiten wir gedanklich in die Welt von morgen.

Ein weiterer Fokus meiner Forschung als Kulturanthropologin liegt auf der Kunst des Spurenlesens. Wir erfahren, warum Spurenlesen ein zentraler Aspekt des Lebens unserer steinzeitlichen Vorfahren war und warum uns diese Tatsache heute immer noch betrifft. Spurenlesen, soviel vorweg, hat uns alle zu WissenschaftlerInnen gemacht. Wir sprechen darüber, wie uns wissenschaftliches Schlussfolgern dabei hilft, unsere eigenen Spuren wahrzunehmen, zu interpretieren und – das ist vor allem für den Blick in die Zukunft von großer Bedeutung – dass es uns ermöglicht, von unseren vergangenen und gegenwärtigen Spuren zu lernen.

Als Anthropologin möchte ich einen Diskurs anstoßen, bei dem es nicht nur um Zahlen, Statistiken und virologische Daten geht, sondern auch um einen philosophischeren, einen menschlicheren Zugang. Große Fragen wie „Was ist Kultur?", „Wo liegt der Ursprung der Wissenschaft?", „Was ist Zeit?" werden angesprochen, wissend, dass es darauf keine finalen Antworten geben kann und es dennoch wichtig ist, diese Fragen zu stellen. Gerade jetzt.

Der neue Blickwinkel auf die Definition von Wissenschaft ist wertvoll in einer Zeit, in der diese oft in Frage gestellt, kritisiert und gleichzeitig hochgelobt wird. Auf der Suche nach dem Ursprung von Wissenschaft ist sie als einzigartige Fähigkeit des Homo sapiens zu begreifen, die im Laufe der Evolution sein Überleben sicherte. Diese Fähigkeit tragen wir alle seither in uns. Und das ist gut so, denn sie hilft uns dabei, in die Zukunft zu navigieren.

Diversität ist ein Begriff, der heute weder aus gesellschaftlichen Debatten noch aus der Politik und Wirtschaft wegzudenken ist. Auf den folgenden Seiten deckt er ein breites Spektrum ab, denn er bezieht sich auf die gesamte Menschheitsgeschichte. Denken wir groß, weit und über unsere Komfortzone hinaus.

In diesem Buch wird ein starker Fokus auf Jäger-SammlerInnen-Gesellschaften gelegt. Sowohl auf jene, die heute existieren, als auch auf jene, die wir als unsere steinzeitlichen Vorfahren bezeichnen. Meine persönliche Reise zu und mit den Jägern und SammlerInnen begann 2014. Damals durfte ich bei der Organisation einer internationalen Konferenz zum Thema Jäger-SammlerInnen-Gesellschaften in Wien mitwirken. Alle zwei bis drei Jahre trifft sich die internationale ForscherInnen-Community, um die neuesten Erkenntnisse in diesem Fachgebiet miteinander zu teilen. AnthropologInnen, ArchäologInnen, LinguistInnen, BiologInnen kommen zusammen, um über menschliche Organisationsformen zu debattieren. Für mich als Studentin erschloss sich damals eine völlig neue Welt. Es beindruckte mich nachhaltig, dass so viele ExpertInnen sich an einem Ort trafen, um über den Menschen nachzudenken und seine unterschiedlichen Formen sozialer, politischer und ökonomischer Organisation zu diskutieren. Ab diesem Zeitpunkt ließ mich das Thema nicht mehr los und ich begann selbst nachzuforschen. Ich tauchte immer tiefer ein in solche Fragestellungen wie „Wie und wo leben Jäger und SammlerInnen?", „Wie sieht der Alltag dieser Menschen aus, worüber denken sie nach, was ist ihnen wichtig?", „Wie kommt es, dass diese Menschen sich scheinbar so anders organisieren als ich das von der Gesellschaft kenne, ich der ich groß geworden bin?" Eine faszinierende Reise begann. Ich tauchte ein in das Leben von Gemeinschaften, deren Mitglieder vom Jagen, Fischen und Sammeln lebten. Ich recherchierte zu Menschen, die 24 Stunden am Tag, sieben Tage die Woche draußen leben. Ich lernte, dass es von einigen dieser Gesellschaften keine Aufzeichnung zu deren

Grammatik und Sprache gab. Doch was mich am meisten faszinierte, war die Tatsache, dass diese Gesellschaften politisch, ökonomisch und sozial nach völlig anderen Regeln funktionierten, als ich das gewohnt war. Diese Diversität zu Beginn erst einmal nur zu erahnen, war faszinierend.

Später stellte sich heraus, dass die Auseinandersetzung mit Jäger und SammlerInnen mich sehr viel mehr über die Vergangenheit, die Gegenwart und die Zukunft unserer Menschheit lehrte, als ich das hätte erahnen können. Ich lernte zu verstehen, dass die sogenannte Gesellschaftsvergleichende Forschung uns einiges über die *Natur des Menschen* lehren kann. Gleichzeitig begriff ich, dass sie uns viel über allgegenwärtige Missverständnisse rund um eben diese *Natur* verät. Jene über Zeit, Naturverbundenheit, Gewaltbereitschaft und Besitztum greife ich in den folgenden Kapiteln auf.

2017 ließ ich schließlich all meine Bücher hinter mir und begab mich auf meine erste Feldforschungsreise in die Kalahari, nach Namibia. Ich lernte die Welt der Ju/'hoansi Jäger und SammlerInnen kennen.

In diesem Buch teile ich Erkenntnisse aus der Praxis sowie aus der Theorie. Meine anthropologischen Forschungen haben mir gezeigt, warum wir für die Zukunft gemacht sind und warum es wichtig ist, sowohl die gegenwärtigen als auch die prähistorischen Spuren der Menschheit aufmerksam zu lesen, wenn wir optimistisch in die Zukunft gehen wollen.

1

ANTHROPOLOGIE – DEM MENSCHEN AUF DER SPUR

Kulturanthropologie – was ist das eigentlich?

Anthropologie, das kommt von *anthropos* = der Mensch und *logos* = die Lehre, also *die Lehre vom Menschen*. AnthropologInnen setzen sich damit auseinander, warum der Mensch tut, was er tut, und lebt, wie er lebt, und das in unterschiedlichsten Teilen der Welt. Sie versuchen herauszufinden, wie es dazu kam, dass Menschen heute sowohl in Bergdörfern, in Eiswelten, aber auch in Großstädten leben können. Sie versuchen zu verstehen, warum es zeitgleich Diktaturen und demokratische Systeme gibt. Sie versuchen zu erfahren, warum mancherorts Hab und Gut das Leben der Menschen bestimmt, während es anderswo gar kein Konzept von Besitztum gibt. Anders ausgedrückt: Sie versuchen die menschliche Kultur und menschliche soziale Organisation in all ihren Facetten zu erfassen und zu beschreiben. Grundlage dafür sind sowohl empirische, also aus der Erfahrung und Beobachtung gewonnene Erkenntnisse, als auch historische Daten. Kultur- und SozialanthropologInnen, so die eigentliche Bezeichnung[1], forschen vergleichend. Das Ziel dabei ist die Entwicklung übergreifender Theorien zur kulturellen und sozialen Ordnung des Menschen.

Im allgemeinen Sprachgebrauch werden mit dem Begriff *Kultur* oft Aspekte wie kulturspezifische Kleidung, Essgewohnheiten, Rituale, Bräuche oder Lebensstile in Zusammenhang gebracht. Der Fokus liegt dabei meist auf Gesichtspunkten des *kulturellen Lebens*.

Spricht man in der Anthropologie von Kultur, wird die Sachlage etwas komplexer. Tatsächlich führen WissenschaftlerInnen

---

1 Ist in diesem Buch die Rede von AnthropologInnen, sind Kultur- und SozialanthropologInnen gemeint. Der Einfachheit halber wird teilweise die abgekürzte Form verwendet.

bereits eine jahrhundertelange Debatte über das Konzept Kultur, die verschiedenste Blickwinkel in sich vereint. Obwohl der Begriff so zentral für die Kultur- und Sozialanthropologie ist, finden wir daher in der Wissenschaft keine einheitliche Definition. Umso wichtiger ist es zu beschreiben, was in diesem Buch gemeint ist, wenn von Kultur die Rede ist.

KULTUR HEISST, ÜBER SYMBOLE ZU KOMMUNIZIEREN

Stellt man sich die Frage, wie Menschen soziale und kulturelle Informationen untereinander vermitteln, landet man bei der *symbolhaften Kommunikation*. Menschen haben die Fähigkeit, über Symbole zu kommunizieren, was es ihnen wiederum ermöglicht, Kultur zu leben. Wichtig ist dabei die Unterscheidung zwischen Zeichen und Symbolen. Während ein Zeichen auf ein anderes Ding oder Ereignis *hinweist, repräsentiert* ein Symbol ein anderes Ding oder komplexes Ereignis. Beispiele für *Zeichen* sind die Höhe von Quecksilber im Röhrchen eines Thermostats, das die Temperatur anzeigt, ein Schild mit einem Bild von einem Mann oder einer Frau an der WC-Tür, das darauf hinweist, ob der Eintritt gestattet ist oder nicht, oder ein Schild mit einem Hurrikan, das eine Warnung signalisiert.

Ein *Symbol* hingegen erfüllt eine viel komplexere Funktion. Stellen wir uns ein christliches Kreuz vor. Dieses Stück Holz oder Metall repräsentiert ein ganzes religiöses Glaubenssystem und weist auf seine Mythen, Traditionen und Praktiken hin. Um dieses Symbol zu schaffen, zu verstehen und zu verwenden, muss man ideologische und abstrakte Sinnbezüge verarbeiten können. Ein weiteres Beispiel wäre ein Ehering, welcher für die komplexe, abstrakte und kulturbezogene Idee eines Bandes der Liebe und Treue steht.

Noch klarer wird es, wenn man den Unterschied zwischen Mensch und Tier in Bezug auf ihr Kommunikationssystem betrachtet. Der rationale Beobachter wird zustimmen, dass es unmöglich für einen Hund oder Affen ist, ein Verständnis für die Bedeutung eines christlichen Kreuzes zu haben oder die Symbolik eines Eherings zu erfassen. Keine Kuh würde sich selbst als heilig bezeichnen und kein Vogel würde den Unterschied zwischen dem Wert eines Diamanten und eines Kieselsteins verstehen. Was wir sehen ist, dass Wörter letzten Endes sowohl Symbole als auch Zeichen für Menschen sind, aber für Tiere sind sie lediglich Zeichen. Macht ein Hund auf einen gegebenen Reiz hin eine Rolle, so hat er nicht selbst entschieden, wie dieser Reiz auszusehen hat. Ob es ein Handzeichen oder ein Laut ist, entscheidet der Hundebesitzer. Der Hund selbst spielt dabei eine passive Rolle. Er lernt die Bedeutung eines mündlichen Kommandos genauso wie seine Speicheldrüsen lernen können, auf den Klang einer Glocke zu reagieren. Beim Menschen ist das anders, wir erschaffen selbst Zeichen und Symbole. Wir lassen Gold zu einem wertvollen Edelmetall werden, erfinden ein Notensystem für die Schule und schaffen es, das Abnehmen einer Kopfbedeckung in einem Gotteshaus als Zeichen des Respekts zu verstehen. Der Mensch geht über die bloße Sinnesverarbeitung hinaus und versteht es, einem Zeichen eine komplexere Bedeutung sowie einen symbolischen Charakter zu verleihen.[I]

Die symbolhafte Kommunikation des Menschen ist eine der Grundvoraussetzungen für die vielen und diversen kulturellen Settings, die wir in der Geschichte sowie in der Gegenwart erkennen. Um sich das Ausmaß an kulturellen Möglichkeiten und Eventualitäten auszumalen, können wir uns daran halten, was der Anthropologe Marshall Sahlins schrieb: „Wir werden mit dem Rüstzeug für tausend verschiedene Leben geboren (…), obwohl wir letzten Endes doch nur eines führen."[II]

KULTUR IM GESELLSCHAFTSMODELL

In der Kultur- und Sozialanthropologie steht die Analyse der Gesellschaft im Vordergrund. Um Kultur als Teil davon zu verstehen, müssen wir uns erst einmal fragen, was *Gesellschaft* eigentlich ist. Denn beide sind eng miteinander verwoben und bedingen sich gegenseitig.

Gesellschaft ist ein Begriff, der in unterschiedlichsten Kontexten Verwendung findet. PolitikerInnen sprechen von Interessen der Gesellschaft, JournalistInnen von der Stimmung einer Gesellschaft und ÖkonomInnen vom Wiederaufbau der Gesellschaft. Nicht immer geht damit eine strikte Definition einher. Bei einer Gesellschaft handelt es sich in diesen Fällen meist, ganz allgemein, um die Gesamtheit von Menschen, die zusammen unter bestimmten politischen, wirtschaftlichen und sozialen Verhältnissen leben. Um für die Wissenschaft wiederverwertbare Daten zu erheben, muss der Begriff genauer definiert werden. Ein Zugang in der Anthropologie, auf den sich auch die Inhalte der nächsten Kapitel stützen, ist es, Gesellschaft als lebenden Organismus zu skizzieren. Dieses Grundmodell geht auf mehrere große Denker zurück, darunter bereits die Philosophen Platon und Aristoteles. Als Begründer der Soziologie arbeitete auch Auguste Comte damit. Ab dem 19. Jahrhundert entwickelte es sich stetig weiter und ist bis heute in der Anthropologie in unterschiedlichen Nuancen in Verwendung. Ihnen allen gemein ist das Bild von Gesellschaft als Organismus, dessen Einzelteile jeweils spezifische Funktionen innehaben und gleichzeitig eng zusammenarbeiten. Der Mechanismus, der für den Zusammenhalt des gesamten Organismus sorgt, ist Kultur.

Um den gesamten Gesellschafts-Organismus besser zu verstehen, untersucht man in der Kultur- und Sozialanthropologie unterschiedlichste Aspekte. So prüfen AnthropologInnen beispielsweise demografische Daten, untersuchen das vorherrschende Verwandtschaftssystem einer Gesellschaft, erforschen die Entwicklung von Technologien, rekonstruieren die Evolution politischer Organisationen, modellieren historische Kontakte zwischen Gesellschaften und vieles mehr. Während Demographie, politische Struktur oder Verwandtschaftssysteme die Einzelteile ausmachen, ist Kultur das Informationsnetzwerk zwischen ihnen. Zentral in Bezug auf dieses Netzwerk ist die Akkumulation von Wissen, das der Mensch über Generationen zusammenträgt und das aufeinander aufbaut. Was ist damit gemeint? Blickt man ins Tierreich, so lernen Krähen zum Beispiel von ihren Eltern, dass man eine Nuss knackt, indem man sie auf den Boden wirft und darauf wartet, bis ein Auto sie überfährt. So wird es auch die Folgegeneration machen und auch die nächste und die nächste. Menschen hingegen haben früher Nüsse mit Steinen geknackt, heute entwickeln sie Autos. Wissen und Know-how wird immer komplexer beziehungsweise kann es sich verändern. Durch den Mechanismus Kultur schaffen wir es, unsere Erfahrungen und unser Wissen aufeinander aufzubauen.

Die Sache mit der Kultur sowie die Definition von Gesellschaft sind komplexe Unterfangen und beschäftigen WissenschaftlerInnen mitunter ihre gesamte Karriere hindurch. Modelle wie diese helfen, trotz aller Komplexität, Erklärungsansätze für gesellschaftliche Phänomene aufzustellen.

Nehmen wir das Bild von Kultur als Mechanismus und Gesellschaft als Organismus mit, wenn wir uns auf die Spuren unserer Zukunft machen.

DIE NATUR (DES MENSCHEN)

Im allgemeinen Sprachgebrauch ist es ein beliebtes Hilfsmittel, Kultur der Natur gegenüberzustellen, um sie zu definieren. Dabei umfasst *Natur* meist all jenes, das von selbst ist, wie es ist. *Kultur* hingegen ist das, was der Mensch hervorbringt oder verändert. Ist das tatsächlich so?

Nun, die Debatte um den Begriff Natur ist eine, die ebenso lange existiert wie die Disziplin der Anthropologie selbst. Und auch hier sind duale Annahmen wiederzufinden. Es gibt also, wie schon bei der Kultur, auch hier nicht *die eine* Definition. Historisch betrachtet ist das Verständnis, das wir heute von Natur haben, jedenfalls ein relativ junges. Es stammt aus der griechischen Antike. Erst seit etwa 3000 Jahren trennen wir Natur und Kultur konzeptionell voneinander. Spätestens Aristoteles führte die Unterscheidung zwischen *physis* (Natur) und *téchne* (Kunst, Wissenschaft und Technik) ein. Von da an wandten sich Denker also immer mehr vom Weltganzen ab und begannen zu differenzieren. Heute verbindet man Natur in der „westlichen Welt" meist mit der Idee der natürlichen Umwelt, also mit all dem, was außerhalb der eigenen vier Wände passiert. Innerhalb unserer Wohnungen sprechen wir nicht von Natur. Begeben wir uns in den Wald, sprechen wir von Natur.

In diesem Buch beinhaltet der Begriff Natur nicht nur die Außenwelt wie zum Beispiel Bäume, Gewässer und Tiere, sondern auch abstrakte Konzepte wie *die Natur des Menschen*. Diese philosophische Sichtweise meint mit Natur alles, was wir auf diesem Planeten wahrnehmen und somit nicht nur Materielles. So ist eben auch der Mechanismus Kultur ein Teil davon. Damit ergibt sich die Idee, dass Kultur in der Natur des Menschen liegt.

Was müssen wir über den Menschen lernen, um seine Zukunft erahnen zu können?

Innerhalb der Anthropologie befasst man sich mit der Vergangenheit und der Gegenwart des Menschen. Auch in diesem Buch liegt der Fokus sowohl auf unserer Vergangenheit – dem Leben in der Steinzeit – als auch auf der aktuellen kulturellen Diversität auf unserem Planeten. Am Ende werden uns beide Perspektiven dabei helfen, uns mit der Zukunft des Menschen zu befassen. Wie können wir Gemeinschaft neu denken? Wie kann eine von Diversität gestützte, kulturelle Neuordnung aussehen, das heißt: Welche gesellschaftlichen Strukturen, Werte und Normen können und wollen wir in Zukunft leben? Die Zukunft ist zwar nicht vorhersagbar, jedoch vorstellbar. Uns Gedanken darüber zu machen, wie wir morgen leben könnten, ist schließlich unumgänglich, um gesellschaftliche Visionen greifbar zu machen. Zukunft braucht den Mut, Kultur neu zu denken. Es ist nicht nur an der Zeit, Kultur als Konzept besser zu verstehen, sondern auch unser Zusammenleben teilweise neu zu kalibrieren. Abläufe, Werte und Normen, die als *natur*gegeben hingenommen werden, sind dies nämlich oft nicht. Die vergleichende anthropologische Forschung liefert dafür Beweise. So werden wir Beispiele dafür sehen, wohin unsere Kulturfähigkeit uns führen kann. Wir erfahren, dass Konzepte wie Zeit oder Besitztum nicht universell sind und demzufolge auch wandelbar.

Worüber wir uns ebenfalls Gedanken machen müssen, wenn es um Zukunftsvisionen geht, ist unser *Menschenbild*. Hierbei handelt es sich um die Vorstellung, die man vom Wesen des Menschen hat. Das Menschenbild ist Teil des eigenen Weltbildes und umfasst die Gesamtheit aller Überzeugungen darüber, was und wie der Mensch von Natur aus sei, wie er in seinem sozialen und physischen Umfeld lebt, welche Werte und welche Ziele sein Leben haben soll.

Ein komplexes Thema. Die vielen verschiedenen Beschreibungen, die im wissenschaftlichen sowie im alltagsgebräuchlichen Kontext herumschwirren, sind ein klares Indiz dafür, dass man sich nicht einig ist über diese *eine* Natur des Menschen. Im Gegenteil, es herrscht sogar eine umfassende Debatte darüber, was uns Menschen überhaupt zum Menschen macht. Allein in den einzelnen wissenschaftlichen Disziplinen, sei es in der Psychologie, der Archäologie oder auch der Anthropologie, ist man sich keineswegs einig, wenn es um die Frage geht, was den Menschen in seinem Fundament ausmacht.

Medien, Politik oder soziale Debatten sind gespeist von uneinheitlichen Informationen und Vorstellungen. Für die einen ist der Mensch ein *homo oekonomikus*, für andere nicht. Für manche ist der Mensch gesteuert von seinen Fortpflanzungstrieben, für andere nicht. Für manche ist der Mensch ein innovationsgetriebenes Tier, andere sehen das nicht so. Und diese Uneinigkeiten verwirren.

In einer Sache ist man sich jedoch, wenn auch größtenteils unbewusst, einig. Hinter vielen landläufigen und auch wissenschaftlichen Sichtweisen steckt oft ein Bild, das wir, ohne es zu bemerken, immer wieder reproduzieren. Es ist das Bild vom Menschen als Tier, das gebändigt werden könnte. Der Mensch soll sich im besten Falle *kultiviert* verhalten. Das natürliche, triebgesteuerte Geschöpf soll zum kulturell angepassten Wesen werden. Berühmte Denker wie der englische Philosoph und Staatstheoretiker Thomas Hobbes, der italienische Philosoph Niccoló Machiavelli oder John Adams, einer der Gründerväter der Vereinigten Staaten prägten im Laufe der Geschichte diese Conditio Humana.

Nun, diese Ansicht beinhaltet zwei folgenschwere Annahmen. Zum einen, dass der Mensch ein komplexes Tier sei, und zum anderen, dass der Mensch aus seinem Naturzustand heraus verändert werden müsse. Damit einher geht die bereits erwähnte kategorische Trennung der *Kultur* von der *Natur*.

Aus anthropologischer Perspektive muss die erste Annahme auf die kulturellen Unterschiede zwischen Tier und Mensch geprüft werden. So deuten zum Beispiel die sprachliche Vielfalt innerhalb der Spezies Mensch, die Idee, Bildungsgrade zu definieren oder aber die Fähigkeit, einen Ring als Treueversprechen zu interpretieren auf die Tatsache hin, dass Tier und Mensch sich nicht *graduell* unterscheiden, sondern *qualitativ*. Kulturfähigkeit wie hier definiert ist nur dem Menschen inhärent.

Die zweite Annahme deutet darauf hin, dass der Mensch ein von seiner Natur getriebenes Wesen sei, das in ein kulturelles verwandelt werden kann und soll. Der triebgesteuerte junge Mann, das ungezügelte Kind, die hormongesteuerte Frau – Rollenbilder, die uns allen nicht fremd sind. Sie und andere sind Teil unserer Alltagskultur.

Woher kommen diese Bilder und vor allem: Inwiefern gilt es sie zu überdenken? Dazu machen wir in Kapitel 4 eine kurze Reise in die Geschichte. Wir versuchen zu verstehen, wie es zum Bild des Menschen als zu bändigendes Tier gekommen ist und warum es bis heute fixer Bestandteil unserer Welt ist. Denn wenn uns die Anthropologie eines lehrt, dann ist es die Notwendigkeit, die Dinge und wie sie sich uns darstellen, ständig zu hinterfragen. Werte und Rahmenbedingungen auf ihren Kontext zu überprüfen, hilft demnach, irrtümliche Schlussfolgerungen über die Natur des Menschen aufzudecken.

EIN NEUES MENSCHENBILD, EINE NEUE WELTANSCHAUUNG

Um gesellschaftliche Strukturen an die Herausforderungen im Hier und Jetzt – und perspektivisch auch in der Zukunft – anzupassen, braucht es in mancher Hinsicht eine neue Weltanschauung. Es ist an der Zeit, den Menschen wieder ins Zentrum der Überlegungen zu stellen. Damit meine ich nicht seine technologischen Errungenschaften oder seine wirtschaftlichen Erfolge, wobei beide Aspekte nicht verteufelt werden sollten. Nehmen wir uns Raum und Zeit dafür, darüber nachzudenken, wie der Mensch eigentlich funktioniert, was ihn ausmacht und was er braucht. Denken wir dann über (neue) Strukturen für das Zusammenleben der Menschen nach. Stets mit Blick auf die gesellschaftlichen Herausforderungen der heutigen Welt.

Man hört immer wieder, den Menschen würde das Leben zu schnell, Besitz sei unbefriedigend verteilt, Gewalt solle abnehmen und der Natur beziehungsweise dem Klima solle mehr Aufmerksamkeit geschenkt werden. Die Stimmen, die nach einem Umbruch, nach Veränderungen rufen, werden immer lauter.

Dementsprechend braucht es Menschen, die offen sind für völlig neue Wege. Menschen, die in verschiedenste Richtungen denken, Dinge ausprobieren. Auch beziehungsweise vor allem in Bereichen wie Politik und Wirtschaft gilt es, auf eine philosophische Art und Weise über die Welt nachzudenken. Für Dinge, die in der Zukunft passieren werden, gibt es keine Anleitungen und vor allem keine Erfahrungsberichte. Es braucht daher GesellschaftsgestalterInnen, die sich in ihrem Denken nicht von veralteten Menschenbildern einschränken und hemmen lassen. Es braucht Menschen, die verstehen, dass Bilder darüber, wie der Mensch angeblich funktioniert, aus einem bestimmten Grund in unseren Köpfen verankert sind. Und es braucht Menschen, die diese Bilder nicht als gegeben hinnehmen, sondern neue Visionen entwerfen.

Gleichzeitig braucht es Offenheit gegenüber einer neuen Weltanschauung. Es braucht einen neuen Blick auf den Menschen. Die anthropologische Auseinandersetzung mit dem Aufbau von Jäger-SammlerInnen-Gesellschaften kann uns einen neuen Blickwinkel auf den Menschen als kulturelles und soziales Wesen schenken.

Fallstudie:
Jäger-SammlerInnen-Gesellschaften

In diesem Buch geht es um die Vergangenheit, die Gegenwart
und die Zukunft des Menschen. Es führt also kein Weg an Jägern
und SammlerInnen vorbei. In der Vergangenheit hat der Mensch
den Großteil seiner Zeit vom Jagen und Sammeln gelebt. Unsere
Gegenwart ist geprägt von einer Diversität, die Jäger- und Samm-
lerInnentum und viele andere gesellschaftliche Organisationsformen auf einem Planeten vereint. Und unsere Zukunft? Es scheint,
als würden wir den jagenden und sammelnden Lebensstil nicht
in unsere Zukunft mitnehmen, so zumindest die Prognosen der
internationalen ForscherInnen-Community. Ob das tatsächlich
eintrifft – wir werden sehen. Fest steht, dass es sich hierbei nicht
(nur) um weit entfernte, steinzeitliche Praktiken handelt, sondern dass dieser Lebensstil, in all seinen Facetten, tatsächlich
sehr viel mit unserem Leben im Hier und Jetzt zu tun hat.

Homo sapiens, also uns, mit unserer aktuellen kognitiven und
physiologischen Grundausstattung, gibt es mittlerweile seit etwa
300.000 Jahren. Wir sind Teil der Gattung Homo, die bereits seit
zwei Millionen Jahren existiert. Die Evolution formt uns also schon
seit geraumer Zeit, und wir haben in dieser Zeitspanne unendlich
viel gelernt. Wir richteten uns von einer gebückten in die aufrechte
Haltung auf, wir entwickelten Sprache, um uns über komplexe
Themen auszutauschen, und wir lernten zu verstehen, dass technologische Hilfsmittel unsere Sinne und Physiologie erweitern können.
Während AnthropologInnen, BiologInnen, LinguistInnen, PsychologInnen und WissenschaftlerInnen aus anderen Bereichen versuchen, die Evolution des Menschen zu rekonstruieren und zu verstehen, wurde dabei ein Aspekt noch nicht ins Zentrum der Diskussion
gerückt: das Spurenlesen. Ja, ein zentraler Aspekt in unserer Entwicklung war und ist das Lesen und Interpretieren von Spuren. Warum?

Zum einen ergibt sich aus der Beschäftigung mit dem Spuren-lesen die Theorie, dass dieser Skill mit der spezifisch menschlichen Fähigkeit des wissenschaftlichen Schlussfolgerns in Zusammenhang steht, und zum anderen war Spurenlesen der Grundstein für die menschliche Fähigkeit, Zeichen in Symbole zu verwandeln. Spannt man den Bogen auf einer Metaebene, kann geschlussfolgert werden, dass Spurenlesen die Grundlage für die kulturelle Diversität ist, in und mit der wir heute leben. Denn egal ob Bildung, Religion, Politik, Ökonomie, Ideologie – für all diese Aspekte menschlicher Organisation ist symbolhafte Kommunikation ein zentraler Punkt.

WIE UND WARUM DEFINIERT MAN JÄGER-SAMMLERINNEN-GESELLSCHAFTEN?

Als Teilgebiet der Kultur- und Sozialanthropologie kann die Jäger-SammlerInnen-Forschung aus zwei Gründen helfen, menschliche Kultur besser zu verstehen. Zum einen haben wir die längste Zeit als Jäger und SammlerInnen gelebt, und so können moderne Jäger-SammlerInnen-Gesellschaften uns in Teilaspekten etwas über unser aller Vergangenheit verraten. Zum anderen hat die für Jäger-SammlerInnen-Gesellschaften charakteristische, kleine Gruppengröße Einfluss auf die Struktur und den Aufbau der Gesellschaft. In der Anthropologie spricht man in diesem Fall von einer *simplen* Gesellschaftsstruktur. Diese Tatsache erleichtert die Analyse im Sinne einer Makrosoziologie[2]. Gewisse Fragestellungen lassen sich in der Kulturanthropologie einfacher auf kleinere

---

2 Es handelt sich dabei um eine Teildisziplin der Soziologie, die sich zum Teil mit Fragestellungen der Anthropologie überschneidet. Das Ziel der Makrosoziologie besteht darin, komplexe soziale sowie kulturelle Prozesse aus simplen Prozessen abzuleiten, ohne dabei zu sehr zu vereinfachen.

Gesellschaftssysteme anwenden als auf jene mit mehreren Millionen Mitgliedern.

Die Forschung mit und über Jäger und SammlerInnen geht ferner über die Grenzen des Faches hinaus. Nicht nur Kultur- und SozialanthropologInnen, sondern auch ArchäologInnen, GenetikerInnen, LinguistInnen und viele andere ExpertInnen arbeiten zusammen, um das Spektrum menschlicher Organisationsformen zu beleuchten. Jäger-SammlerInnen-Gesellschaften werden von der Altsteinzeit bis hin in die Moderne untersucht. Vorausgeschickt sei hierbei, dass in der Kulturanthropologie nicht die einzelnen Menschen selbst, also die Individuen Gegenstand der Forschung sind, sondern ihre Lebensform. Würde man nämlich versuchen, Jäger und SammlerInnen generell zu beschreiben, wäre das, als würde man versuchen, *die* EuropäerInnen zu beschreiben oder *die* Frauen oder *die* Jugendlichen. Mit derartigen Kategorisierungen läuft man schnell Gefahr, Verallgemeinerungen als universell gültig darzustellen.

Warum leben Menschen in den verschiedensten Teilen der Welt auf unterschiedlichste Arten und Weisen zusammen? Wie kommt es zu unserer globalen, kulturellen Diversität? Das sind die zentralen Fragen des Faches. Demzufolge ist es in der Jäger-SammlerInnen-Forschung nicht Ziel, das archetypische Individuum innerhalb einer Jäger-SammlerInnen-Gesellschaft darzustellen, sondern den gemeinschaftlichen Lebensstil der jeweiligen Gruppe zu verstehen. Je nach Forschungsschwerpunkt setzt man sich also beispielsweise mit der Ökonomie, der politischen Struktur, dem Sozial- beziehungsweise Verwandtschaftsgefüge, den Jagd- und Sammelstrategien, der Mobilität oder der Technologie auseinander.

Fakt ist außerdem, dass diese Gruppen keineswegs homogen, sondern heterogen sind. Das bedeutet, dass die Mitglieder innerhalb dieser Gruppen unterschiedlichste Neigungen, Eigenschaften

und Prägungen haben. Jäger-SammlerInnen-Gesellschaften weisen zusätzlich in unterschiedlichen Regionen der Welt teils unterschiedliche kulturelle Merkmale auf. Es handelt sich letztlich um
ein Spektrum.[III]
    Innerhalb der Wissenschaft geht es dennoch darum, Phäno-
mene einzuordnen und zu analysieren. Kategorien sind für WissenschaftlerInnen Werkzeuge, um Realität fassbarer zu machen
und sie zu strukturieren. Man kategorisiert, um bestimmte Phänomene unterscheidbar zu machen. Diese Einordnung hilft dabei, nicht Gefahr zu laufen, zwei Forschungsgegenstände miteinander zu vergleichen, die keine wirkliche Entsprechung haben.
So hilft eine derartige Einteilung zum einen dabei, Jäger-SammlerInnen-Gesellschaften untereinander vergleichen zu können.
Und zum anderen hilft sie, die Entwicklungen einer Gesellschaft
über einen gewissen Zeitraum zu beobachten.
    Die Forschungen der letzten Jahrzehnte haben gezeigt, dass
gewisse Eigenschaften trotz aller spezifischen Eigenheiten in jeder Jäger-SammlerInnen-Gruppe vorkommen und diese definieren. James Woodburn, dessen frühe Arbeiten dazu bis heute als
Standardwerke gelten, beschreibt in seinem Artikel *Egalitarian
Societies* folgende Aspekte als charakteristisch:
    „eine verwandtschaftsbasierte soziale Organisation, ein de-
zentrales und nicht-hierarchisches politisches System, Teilprin-
zip statt Besitztum, Jagen und/oder Fischen und Sammeln als
Haupt-Versorgungstrategie, sowie eine geringe Bevölkerungs-
dichte und kleine Gruppengrößen."[IV]

WIE WIRD GEFORSCHT?

Nun stellen sich zwei große Fragen. Da wäre zum einen die Frage,
ob und wie es WissenschaftlerInnen eigentlich möglich ist, Lebensformen zu beschreiben, in denen sie selbst nicht aufgewachsen

sind? Und zum anderen, wie es an sich funktioniert, andere Formen des Zusammenlebens zu erforschen?

Widmen wir uns zuerst der Frage, ob es denn grundsätzlich möglich sei, Lebenswelten zu verstehen, die man nur als außenstehende Person wahrnehmen wird können. Diese Frage führt uns rasch zu den Grundfesten der Wissenschaft. Die Antwort ist: Ja, das ist möglich. Zumindest bis zu einem gewissen Grad. In der Wissenschaft unterscheidet man dazu zwei verschiedene Perspektiven. Man spricht von der *emischen* und der *etischen* Perspektive. Die *emische* Perspektive ist die des Insiders, also eines Mitglieds der zu untersuchenden Gesellschaft. Es geht dabei um Beschreibungen, die für, in unserem Fall, die Jäger- und SammlerInnen sinnvoll sind. Es geht um die Sichtweisen, die im Einklang mit ihren Welt- und Wertevorstellungen sind. Ihnen, sowie allen Menschen, wird durch die Sozialisierung innerhalb ihrer Gruppe die emische Perspektive auf die eigene Gesellschaft oder Kultur sozusagen in die Wiege gelegt. Diese spezifische Sozialisierung führt zu Interpretationen der einen umgebenden Welt und zu bestimmten Handlungen. AnthropologInnen versuchen, diese Sichtweisen zu dokumentieren. Dazu braucht es Aufenthalte bei den Menschen, viel Zeit und die Bereitschaft, den eigenen Ethnozentrismus abzulegen. Das heißt, die persönliche Sicht auf die Dinge, die man als Anthropologin natürlich auch mitbringt, hintenanzustellen.

Bei der *etischen Perspektive* geht es dagegen um Beschreibungen eines Beobachters von außen. Die Informationen werden verwissenschaftlicht. Das bedeutet, sie werden in eine Form gebracht, in der sie universell für weitere anthropologische Analysen verwendet werden können.

Beide Zugangsweisen liefern dementsprechend unterschiedliche Erkenntnisse, jede in ihrem Rahmen wertvoll für anthropologische Forschungen.

Außerhalb der Wissenschaft haben Menschen meist keine etische Perspektive auf andere Kulturen, sondern eine ethnozentristische.[3] Das heißt, sie erklären sich die Phänomene in anderen Kulturen aus ihrem eigenen Weltbild heraus. Die Expertise von AnthropologInnen liegt darin, diesen Ethnozentrismus systematisch abzulegen und eine wissenschaftliche und analytische Distanz zu den zu erforschenden Gesellschaften zu erlangen. Eine etische Beschreibung muss dazu im Stande sein, wissenschaftliche Theorien zu den Gründen sozialer und kultureller Unterschiede und Gleichheiten zwischen Gesellschaften zu liefern.[V]

Nun zur zweiten Frage: Wie ist es möglich, Lebensformen zu erforschen, die nicht der eigenen entsprechen? Die zentrale Methode innerhalb der Kultur- und Sozialanthropologie oder, wie man sie früher nannte, der Ethnologie, ist die teilnehmende Beobachtung. Sie definiert ein Vorgehen, welches KulturanthropologInnen auffordert, Abläufe innerhalb einer Gesellschaft nicht nur zu beobachten, sondern ihnen gleichzeitig beizuwohnen. KulturanthropologInnen verlegen dazu ihren Lebensmittelpunkt ins Zentrum ihres Forschungsfeldes. Man ist und bleibt außenstehend, versucht jedoch so gut wie möglich in die neue Lebenswelt einzutauchen. Dies passiert unter anderem durch das Erlernen der Sprache, durch die Teilnahme an Alltagsaktivitäten und mit Hilfe von analytischen Beobachtungen des zu untersuchenden sozialen, politischen und ökonomischen Systems. Je nach Fokus werden letztlich Teilaspekte einer Gesellschaft dargestellt oder aber es wird versucht, die gesamte Gesellschaftsstruktur zu erfassen.

Die Darstellungen innerhalb der Anthropologie sind analytischer Natur und unterliegen dem Fachjargon der Wissenschaft. Teilweise wird dieser Jargon auch in diesem Buch aufgegriffen.

---

3 Das eigene „Volk" steht im Zentrum. Altgriechisch ethnos = Volk; altgriechisch kentro = Herzstück, Zentrum

In diesen Fällen ist zu beachten, dass die Sprache der Wissenschaft und die Alltagssprache nicht immer deckungsgleich ist. Ein Beispiel dafür ist der Begriff *Komplexität*.

In den folgenden Kapiteln wird immer wieder die Rede von *komplexen*, *weniger komplexen* oder *simplen* gesellschaftlichen Strukturen die Rede sein. Es ist dabei wesentlich zu verstehen, dass im Wissenschaftsjargon diese Begriffe keine Wertung in sich tragen. Beschreibt man also die Struktur einer Gesellschaft als weniger komplex oder gar als simpel, steht dies in keinem Zusammenhang mit einer subjektiven Wertung einer Gruppe von Menschen. Vielmehr geht es dabei darum, den Aufbau eines Systems, also dessen Struktur zu beschreiben. Je mehr Komponenten miteinander in Verbindung stehen, je mehr Menschen sich an einem Ort miteinander organisieren müssen, desto komplexer wird das System. Die Erwähnung eines Komplexitätsgrades dient in diesem Sinne lediglich dem analytischen Verständnis.

Weiter oben haben wir bereits von Kategorien gesprochen. Eine, die in diesem Buch ebenfalls immer wieder vorkommt, ist die der *WEIRD societies*. Dieser Begriff stammt von Joseph Henrich, Professor für Ökonomie und Psychologie an der British Columbia Universität in Kanada[VI]. *WEIRD* steht für *Western, educated, industrialized, rich and democratic*. Es wird versucht mit diesem Begriff die umgangssprachlich „westlichen Gesellschaften" oder „westlichen Kulturen" spezifischer zu definieren.

WER FORSCHT HIER?

Die moderne Jäger-SammlerInnen-Forschung ist reflektiert und verfolgt klare ethische Richtlinien. Auf Grund der historischen Hintergründe ist es wichtig zu betonen, dass Jäger-SammlerInnen-Gesellschaften heute nicht als „weniger entwickelt" oder rückschrittlich betrachtet werden. Dem war nicht immer so.

Während der Kolonialzeit, die mit den Amerikareisen Christopher Kolumbus' begann und bis ins 20. Jahrhundert andauerte, wurden diese Gesellschaften als „primitiv" kategorisiert. Man sprach von „sich im Urzustand befindlichen Naturvölkern". So wurden indigene Gruppen in unterschiedlichsten Teilen der Welt durch Kolonialmächte unterdrückt, versklavt und teilweise ausgelöscht. Während dieser Jahrhunderte lange andauernden Übergriffe wurden Jäger-SammlerInnen-Gesellschaften ihrer Identität und ihrer Geschichte beraubt.

Die lange Zeitspanne und die Tatsache, dass das Ende des Kolonialismus noch nicht lange her ist, hat dazu beigetragen, dass Begriffe wie „Urvölker" bis heute im allgemeinen Sprachgebrauch vorhanden und Bilder von „primitiven Naturbewohner-Innen" immer noch Köpfen verankert sind.

Der Zugang zu Jäger-SammlerInnen-Gruppen hat damals auch die Forschung beeinflusst. Die Art und Weise, wie man mit der indigenen Bevölkerung in Kontakt getreten ist, war lange gefärbt von der politischen Situation. Hinzu kam die Vorstellung, Gesellschaften würden sich in einem Stufenmodell entwickeln. Beginnend in einem unzivilisierten Stadium – wie Jäger und SammlerInnen, so die damalige Meinung – hin zu immer höheren Entwicklungsstadien, die in modernen Industriegesellschaften gipfeln würden. Heute ist man sich schon lange einig, dass dieses Modell keine Gültigkeit mehr hat. Jäger-SammlerInnen-Gesellschaften sind weder primitiv noch unterentwickelt, sondern *eine* Gesellschaftsform von vielen. Man geht ganz klar nicht mehr von einer unilinearen Entwicklung aus – das heißt, Gesellschaften würden sich auf einer Linie von A nach B bis hin zu C entwickeln –, sondern lässt Gesellschaftsformen nebeneinanderstehen und definiert sie aus sich selbst heraus. Vergleiche stellt man nur noch zwischen gleichstrukturierten Gesellschaften an, um so die Essenz dieses Gesellschaftssystems besser zu verstehen.

Innerhalb der Anthropologie fokussiert man bereits seit den 1960er Jahren auf diese vergleichende Forschung. Man hat sich zum Ziel gesetzt, Jäger und SammlerInnen in ihrer Bandbreite, ihrer Konstitution und ihrer historischen Entwicklung zu verstehen. Die mehrtägige wissenschaftliche Konferenz *Man the Hunter,* initiiert vom Anthropologen Richard Lee sowie dem Biologen Irven DeVor an der University of Chicago im Jahr 1968, gilt als Startschuss für die nachfolgenden Jahrzehnte der kulturvergleichenden Sozialforschung. Die Tagung brachte die wichtigsten (Kultur-)AnthropologInnen und ArchäologInnen ihrer Zeit zusammen und ebnete den Weg für die *CHAGS[VII],* die internationale *Conference on Hunting and Gathering Societies.* Diese Konferenz findet seither in mehrjährigen Abständen statt und vereint die gesamte internationale ForscherInnen-Community. Neben AnthropologInnen und ArchäologInnen sind in der Jäger-SammlerInnen-Forschung mittlerweile auch, wenn auch zu einem geringeren Teil, BiologInnen, LinguistInnen und PsychologInnen beheimatet.

JÄGER & SAMMLERINNEN DAMALS = JÄGER & SAMMLERINNEN HEUTE?

Als Jäger-SammlerInnen-Forscherin werde ich von außen stets mit zwei komplett entgegengesetzten Vorstellungen konfrontiert. In den meisten Fällen werden an Ideen von steinzeitlichen Jägern und SammlerInnen angedockt und Bilder aus der Vergangenheit in die Gegenwart projiziert. Dabei gibt es die eine Fraktion, die eine äußerst romantische Vorstellung vom Leben in der Natur hat. Harmonie, soweit das Auge reicht. Damals ginge es nur um die wichtigen und wahren Bedürfnisse der Menschen. Man porttraitiert friedliche Gemeinschaften und ein intaktes Familienleben. Unsere Vorfahren, so die Meinung, erlebten den Luxus,

„sich noch auf ihre Instinkte verlassen zu dürfen". Die ursprüngliche Verbindung mit der Natur war noch gegeben und der Mensch lebte daher gleichzeitig seine wahre Natur. Und dann gibt es ein zweites Lager. Dort wird das Bild einer grausamen Vergangenheit gezeichnet. Menschen mussten in ständiger Angst leben, da sie jederzeit von wilden Tieren angegriffen werden konnten. Die Nahrungsbeschaffung war ein enormer Kraftakt. Man hungerte und hatte außerdem ständig mit den Elementen zu kämpfen. Die rudimentäre steinzeitliche Infrastruktur hat die Menschen regelrecht dahingestreckt. Starke Männer mussten Frauen, das schwache Geschlecht, und Kinder beschützen. Man war einem täglichen Kampf ums Überleben ausgesetzt, denn die Natur verschlang die Menschen ohne Rücksicht auf Verluste.

Nun, beide Vorstellungen verhalfen zu wunderbaren Geschichten. Bücher, Filme und Kostüme konnten durch diese fast malerisch anmutenden Annahmen entstehen. Schulbücher konnten mit Inhalten über unsere steinzeitlichen Vorfahren bestückt werden. All dies verhalf zum einen, Sehnsüchte nach der guten, alten Welt zu schüren. Und zum anderen Dankbarkeit über die zivilisatorischen Errungenschaften auszulösen – je nach Kontext konnte eine der beiden Vorstellungen angewandt werden.

Es ließe sich nun darüber streiten, inwiefern diese klischeebehafteten Bilder letztendlich dienlich oder irreführend sind, dies ist hier jedoch nicht das Ziel. Ziel ist es hingegen, ein realistisches Bild von Jägern und SammlerInnen zu zeichnen, im Dienste der Wissenschaft. Denn ein Aspekt ist tatsächlich als problematisch zu betrachten: Sehr häufig passiert es, dass irreführende Bilder von Jägern und SammlerInnen benützt werden, um biologische Kausalzusammenhänge zu argumentieren. So entstehen Annahmen über die Natur des Menschen, die nach heutigem Stand der Wissenschaft nicht mehr tragbar sind. Unsere

VorfahrInnen werden in den verschiedensten Kontexten als Argumentationsgrundlage benutzt. Männer sind von Natur aus aggressiv, der Mensch strebt von Natur aus nach Weiterentwicklung, Frauen haben von Natur aus einen schlechten Orientierungssinn – um nur einige wenige Beispiele zu nennen. Die Liste ließe sich noch lange weiterspinnen. Mit diesen falschen Annahmen gilt es aufzuräumen. Denn sie hindern uns letztlich daran, uns als Gesellschaft(en) neu auszurichten und unsere Bedürfnisse und Systeme anzupassen.

WIE LEBEN HEUTIGE JÄGER UND SAMMLERINNEN ALSO TATSÄCHLICH?

Gesellschaften, die man in der Wissenschaft als *hunter gatherer societies* bezeichnet, gibt es heute nur noch sehr wenige. Je nach genauer Definition sind es in etwa noch ein Dutzend. Manche von ihnen findet man im Amazonasgebiet, in der Kalahari im südlichen Afrika, im Regenwald Thailands, in Tansania oder auf den Nordphilippinen.

Egal ob Regenwald, Steppe oder Küste, das Setting ist immer ähnlich. Man lebt draußen, 24/7. Anstatt von Häusern baut man temporäre Unterschlupfe oder Windschirme. Ein klassisches Dach über dem Kopf gibt es meist nicht. Die Menschen leben in monogamen Kernfamilien, das heißt, Eltern leben mit ihren Kindern. Die Feuerstelle bildet das Zentrum der Familienplätze. Viele Jäger-SammlerInnen-Gruppen praktizieren einen nomadischen Lebensstil, das heißt, sie wechseln ihren Wohnort alle paar Wochen. Andere tun dies nicht. In beiden Fällen entstehen keine Dörfer, mit Dorfplatz oder anderen räumlichen Charakteristika, vielmehr lebt man in einer losen, infrastrukturarmen Ansiedlung. Plätze werden je nach Wasser- und Nahrungsversorgung sowie Schutz vor den Elementen ausgewählt. Eine Gruppe besteht aus mehreren Familien, und in einer Region befinden sich stets mehrere Gruppen, die strukturell miteinander verbunden sind. Das Wechseln von Individuen innerhalb dieser Subgruppen ist möglich.

Geht es um die Organisationsform, können tendenziell gewisse wiederkehrende Charakteristika erkannt werden.[4] Jäger-SammlerInnen-Gesellschaften weisen eine gleiche Verteilung von Wohlstand, Macht und Prestige auf. Man beschreibt sie oft als *egalitäre Gesellschaften*. Gleichberechtigung wird durch folgende Mechanismen hergestellt: den direkten und individuellen Zugang zu allen Ressourcen, durch ständige, individuell mögliche Mobilität, durch das Ausbleiben von Anhäufungen jeglicher Art und wechselseitiges Teilen als Grundprinzip, durch Prozesse, die Güter zirkulieren lassen, ohne Menschen dabei voneinander abhängig zu machen. Ein Konzept von Besitztum und die damit verbundene Möglichkeit von gegenseitiger Abhängigkeit sind in Jäger-SammlerInnen-Gesellschaften de facto nicht existent. Beim politischen System handelt es sich sehr häufig um ein dezentrales und nicht-hierarchisches. Wirtschaft basiert tendenziell auf unmittelbarem Ertrag. Alle Ressourcen, die Einkehr in die Gruppe finden, werden direkt verbraucht. Jagen, Sammeln und/oder Fischen können dabei als wesentliche Versorgungstrategien festgemacht werden.

---

4 Tendenziell aus dem Grund, da der Begriff *hunter gatherer society* für eine Gesellschaftsform steht, deren Charakteristika ein Spektrum aufweisen, so wie jede andere Gesellschaftsform auch.

ISOLIERT, RELIKT – OUTDATED

Heutige Jäger-SammlerInnen-Gesellschaften sind keine isolierten, unberührten Völker. Auch mit diesem Klischee muss aufgeräumt werden. Kein Mensch und keine Menschengruppe dieser Welt könnte jemals isoliert sein. Die globalen Interdependenzen zwischen und innerhalb von Nationen sind ein Faktum, das heute nicht mehr wegzudenken ist. Obwohl immer wieder von sogenannten „unkontaktierten Gruppen" die Rede ist – beispielsweise im Amazonasgebiet Südamerikas – können diese Menschen nicht als isoliert betrachtet werden. Denn auch sie sind Teil eines geopolitischen Kontextes. Es wäre ein Irrglaube zu denken, dass Staatenlosigkeit auf dem Papier oder Subsistenzwirtschaft Menschen zu isolierten ErdenbewohnerInnen machen. Im Gegenteil, heute stehen Jäger und SammlerInnen oft im Zentrum hoch politischer Diskussion. Im Vordergrund stehen hier meist Landrechte, Bildung sowie allgemeine Menschenrechtsdebatten. Ob in Thailand, wo Jäger und SammlerInnen als verniedlichte Touristenattraktionen betrachtet werden, in Botswana, wo Landrechte ohne Einbeziehung der indigenen Bevölkerung vergeben werden, oder in Brasilien, wo die Abholzung von Regenwäldern Lebensräume zerstört – von Isolation kann in keinem dieser Fälle die Rede sein, auch wenn die indigene Bevölkerung von vielen geopolitischen Debatten bewusst ausgeschlossen wird.

Jäger-SammlerInnen-Gruppen sind genauso wenig Relikte aus der Vergangenheit. Nach heutigem Stand der Wissenschaft hat die Menschheit den größten Teil ihrer Existenz vom Jagen und Sammeln gelebt. Wir sprechen hier von einem Zeitraum von etwa 280.000 Jahren. Durch die Zusammenarbeit von Kultur- und SozialanthropologInnen und ArchäologInnen können Lebensweisen relativ gut rekonstruiert werden. Doch müssen WissenschaftlerInnen ihre Thesen im Laufe der Zeit immer wieder einmal verwerfen beziehungsweise anpassen. Das ist die Natur der Wissenschaft, ein Grundprinzip, das uns schon sehr weit gebracht hat. Wie und wo die Menschen während dieser 280.000 Jahre gelebt haben, kann demnach skizziert werden, ist jedoch nicht in Stein gemeißelt. Dazu gibt es noch viel zu viele offene Fragen.

WissenschaftlerInnen gehen davon aus, dass gewisse Gesellschaftsstrukturen sehr ähnlich ausgesehen haben, weil ähnliche Gruppengrößen erkannt werden können, ähnliche Ernährungsgewohnheiten sowie ähnliche technologische Entwicklungen. Gruppen bestehend aus 20 bis 70 Personen, Pflanzenmaterial als Hauptnahrung sowie Fleisch oder Fisch als Beikost sowie Jagdtechniken wie Speerwurf, Pfeil- und Bogenjagd und Hetzjagd sind Hinweise auf ähnliche Lebensstile, heute und damals.

Wir schließen jedoch nicht eins zu eins von heutigen Jäger-SammlerInnen-Gesellschaften auf steinzeitliche Gesellschaften oder vice versa. Vielmehr lernen wir in der Auseinandersetzung mit der Vergangenheit, Fragen an die Gegenwart zu stellen und umgekehrt. Es handelt sich um einen sich gegenseitig befruchtenden Perspektivenwechsel.

GREIFT MAN ALS FORSCHERIN IN DAS LEBEN DER JÄGER UND SAMMLERINNEN EIN?

Culture Clash passiert überall dort, wo unterschiedliche Weltbilder aufeinandertreffen. Als KulturanthropologIn ist man so einem Clash immer wieder ausgesetzt. Man begibt sich in die Lebensrealität anderer Menschen, versucht nach und nach Verhaltensregeln und Normen zu entschlüsseln und sich anzupassen. Oft steht man vor der Herausforderung, eine neue Sprache zu lernen. Man weiß bereits im Vorhinein, dass man viel falsch machen wird, dass das eigene Verhalten auf Unverständnis stoßen wird.

Sei es, weil man die falschen Dinge sagt oder nicht die richtigen Dinge tut. Als Kultur- und Sozialanthropologin bereitet man sich während der Ausbildung auf diese Situation vor, soweit möglich. Im Kopf spielt man verschiedene Situationen durch, holt Erfahrungsberichte von anderen AnthropologInnen ein und überlegt, mit welchen Missverständnissen man konfrontiert werden könnte. Auf der anderen Seite stehen in meinem Fall die Jäger und SammlerInnen. Sie bereiten sich nicht vor. Sie genießen keine Ausbildung darin, wie man am besten mit ForscherInnen oder externen BesucherInnen umgeht. Sie haben keine Bücher gelesen über die sozialen Regeln und Normen der Welten, aus denen die WissenschaftlerInnen kommen. Hinsichtlich ihrer Erfahrung mit der Situation sind sie BesucherInnen jedoch meist weit voraus. Seit einigen Jahrzehnten erforschen WissenschaftlerInnen aus unterschiedlichen Disziplinen Jäger-SammlerInnen-Gesellschaften. Die Menschen wissen mehr oder weniger, worauf sie sich einlassen, wenn eine ihrem kulturellen Kontext fremde Person mit ihnen leben möchte. Dennoch tragen WissenschaftlerInnen die Verantwortung, nicht willentlich in das Gesellschaftssystem der Menschen, mit denen sie forschen, einzugreifen.

Einen Einblick in eine derartige Kontaktsituation gibt die dreiteilige Dokumentation *My year with the tribe*[VIII], in der der britische Schriftsteller Will Millard seine Zeit mit den Korowai, einer indigenen Bevölkerungsgruppe in West-Papua, dokumentiert. Man stelle sich eine Jäger-SammlerInnen-Gruppe vor, die bis heute zum Teil im Dschungel Neuguineas lebt. Eines Tages trifft dort eine Dokumentationscrew mit einem 30-köpfigen Team ein. Den ZuseherInnen wird schnell klar: Stress ist hier vorprogrammiert. Der Großteil des Teams verfügt nicht über die Expertise das kulturelle Setting betreffend, sondern ist jeweils in seinem Fach der/die ExpertIn, von der Kamerafrau hin zum Drehbuchautor bis zu den Köchen.

Die spezifischen Hierarchiekonzepte werden übergangen, das ökonomische Prinzip des Teilens wird ignoriert und die vor Ort üblichen Tagesabläufe werden hintenangestellt, um genug und adäquates Filmmaterial zu sammeln. Eine Filmcrew aus diesen Gründen zu vertreiben wäre unüblich, da Jäger und SammlerInnen keinen Anspruch auf das Land erheben, auf dem sie leben. Das Konzept von Besitztum wird anders gelebt. Daher: Auch wenn die Filmcrew den Alltag der Community in West-Papua nicht willentlich durcheinanderbringen will, führt daran eigentlich kein Weg vorbei. Vielleicht ist das in dem Fall aber auch alles nicht so schlimm, denn eine Filmcrew wird nach ein paar Tagen, vielleicht ein bis zwei Wochen, wieder verschwinden. Was aber passiert, wenn AnthropologInnen für längere Zeit am Leben einer Jäger-SammlerInnen-Gruppe teilnimmt? Greift man als ForscherIn in das Leben der Jäger und SammlerInnen ein? Eine wichtige und berechtigte Frage. Die kurze Antwort darauf lautet Ja, die lange Nein.

JÄGER-SAMMLERINNEN-FORSCHUNG – FÜNF FAKTEN

Der Ethnologe Bronislaw Malinowski gilt als Begründer der bis heute für die Kultur- und Sozialanthropologie zentralen Forschungsmethode, der *teilnehmenden Beobachtung*. Darunter fällt sowohl das Zusammenleben der ForscherInnen mit den Menschen im Forschungssetting an sich sowie verschiedene Arten der Interviewführung und Datenerfassung. Wie, wie lange, in welcher Form der Aufenthalt im Feld[5] genau vonstattengeht, ist ein Thema, mit dem sich AnthropologInnen im Vorfeld intensiv

---

5 „Im Feld sein" bedeutet in der Anthropologie, sich im Forschungssetting zu befinden; die Feldforschungsreise ist der Begriff für den gesamten Forschungsaufenthalt.

auseinandersetzen. Gatekeeper werden gesucht, das sind Menschen, die einem den Zugang zum Feld erleichtern sollen, die Demographie des Feldes wird in Erfahrung gebracht, eventuell eignet man sich Sprachkenntnisse an, eine passende Form der Unterkunft wird eruiert – ist es besser mit/bei einer Familie zu leben, allein, in einer externen Unterkunft? –, kulturspezifische Aspekte werden ausfindig gemacht. Generell wird im Vorfeld viel Zeit und Recherche in die Planung einer Feldforschung sowie in das Forschungsdesign investiert. Es gilt dabei, das eigene ethnozentristische Bias so gut als möglich aus dem Weg zu räumen und gleichzeitig dem Forschungsfeld und vor allem den Menschen darin mit Respekt zu begegnen.

Nicht nur der exotisierende Zugang der Forschungsreisen bis ins 20. Jahrhundert, speziell auch Forschungen zu Zeiten des Nationalsozialismus haben gezeigt, dass anthropologische Forschung nicht immer unproblematisch war und daher ein stets kritischer Blick auf das Forschungssetting unumgänglich und sehr wichtig ist.

Die folgenden fünf Fakten stecken die Problematiken ab, decken Vorurteile auf und geben Einblick in die Praxis.

FAKT 1: DIE MENSCHEN VOR ORT SIND NICHT ISOLIERT

Smartphones, Sneakers, Taschenmesser und ähnliche Accessoires sind heute keine Seltenheit mehr in Jäger-SammlerInnen-Communities. Lendenschurze, Federschmuck oder Steinklingen hingegen schon. Es sind relikte Gegenstände, die heute nur noch in manchen Regionen Verwendung finden. Moderne Jäger-SammlerInnen-Gesellschaften sind, wie bereits erwähnt, nicht isoliert von der Welt rund um sie. Handelsbeziehungen mit umliegenden Bauern oder Tauschhandel mit BesucherInnen gehören vielerorts zum Alltag. Oft werde ich gefragt, wie die Menschen in der Kalahari auf mich reagieren. Die Enttäuschung in den Gesichtern scheint manchmal groß, wenn ich an dieser Stelle meinem Gegenüber das Bild der „unkontaktierten Naturvölker" rauben muss, die voller Erstaunen am liebsten meine helle Haut anfassen würden oder begeistert meine Digitalkamera inspizieren. All das trifft nämlich nicht zu. Man weiß, dass es anderswo Gesellschaften gibt, die anders funktionieren. Und man kennt Menschen aus diesen Gesellschaften. Auch wenn Besuche meist nur in die eine Richtung passieren, ist man sich dessen bewusst, dass anderswo ebenfalls Menschen unter anderen Bedingungen leben. Die Tatsache, dass das so ist, ist letzten Endes meist ziemlich uninteressant. Warum dem so ist? Später mehr dazu.

Gleichzeitig haben Menschen in Jäger-SammlerInnen-Communities mittlerweile sehr gut verstanden, was BesucherInnen interessiert und was sie sehen wollen. Oft entsteht so eine Form von Tourismus, die den Communities ein gewisses Einkommen sichert. In der Kalahari hat sich dazu mittlerweile eine ganze Infrastruktur gebildet. *Living Musuems,* so die offizielle Bezeichnung, sind Begegnungsorte, die dort geschaffen wurden, um TouristInnen einen Einblick in die „traditionelle Kultur" der San[6] zu gewähren. Es wird in Lendenschurzen getanzt und gesungen, mit Pfeil und Bogen gejagt und aus den Schalen von Straußeneiern wird traditioneller Schmuck hergestellt. Die Tatsache, dass vor Ort ausnahmslos niemand mehr Lendenschurze trägt, die Pfeile bei dieser Art von Show-Jagden stumpf sind und die Straußeneier von Straußenfarmen in die Region importiert werden, ist den BesucherInnen nicht bewusst.

---

6 San ist die Sammelbezeichnung für mehrere indigene Bevölkerungsgruppen im südlichen Afrika.

FAKT 2: MEINE WELT IST FÜR DIE JÄGER UND SAMMLERINNEN NICHT INTERESSANT

Meine eigenen Erfahrungen haben gezeigt, dass die San der Kalahari, mit denen ich leben durfte, ein sehr geringes Interesse an der Gesellschaft haben, aus der ich stamme. So wurden mir beispielsweise keine Fragen darüber gestellt, wie mein Leben eigentlich aussieht, wie ich wohne, wie ich arbeite, was ich einkaufe. Interessant sind vielmehr Geschichten und Informationen von anderen Jäger-SammlerInnen-Gruppen. Welche Werkzeuge stellen sie her? Welche Tiere jagen sie? Wie wohnen sie? Diese Themen sind von großem Interesse. Diese Erfahrungen bestätigen KollegInnen auch von ihren Forschungen in anderen Teilen der Welt.

Oft werde ich gefragt, ob sich die Menschen vor Ort nicht „weiterentwickeln" wollen. Meist spielen sie dabei auf einen technologischen Fortschritt an. Die unhinterfragte Annahme dahinter: Jeder Mensch möchte sich *weiterentwickeln,* möchte mithelfen, die Gesellschaft auf ein *next level* zu bringen. Es liegt in der Natur des Menschen, Fortschritt voranzutreiben, so die Annahme. Und in diesem Sinne müsse man sich für andere Lebenswelten interessieren, deren Technologien und Infrastruktur kennenlernen wollen. Nun, dem ist nicht so. Der Drang nach gesellschaftsübergreifendem Fortschritt liegt nicht in der Natur des Menschen. In Jäger-SammlerInnen-Gesellschaften lebt man im Hier und Jetzt. Technologien, die nichts mit der direkten Lebensrealität zu tun haben, sind meist nicht interessant oder nur eine kurze Zeit lang. Technologien in den Alltag zu integrieren, die keinen direkten Nutzen bringen, macht schlichtweg keinen Sinn. In der Wissenschaft spricht man dabei vom Unmittelbarkeits-Prinzip.

FAKT 3: ÜBER FORSCHUNGSVORHABEN WACHT DIE ETHIKKOMMISSION

Um sicherzustellen, dass sich ein Forschungsprojekt in einem angemessenen ethischen Rahmen bewegt, braucht es eine Außenperspektive. Um Forschungsbewilligungen oder Förderungen sowohl von der eigenen Universität als auch von der Forschungsdestination zu erhalten, prüfen die jeweiligen Kommissionen meist mögliche ethische Problemfelder. Dabei kann es sich beispielsweise um Rassismus-Thematiken handeln. Die zuständigen Institutionen tragen mit ihrer interdisziplinären Expertise dazu bei, in ethischer wie rechtlicher Hinsicht Verantwortung in der Forschung wahrzunehmen.

FAKT 4: SICH SEINER PRIVILEGIEN BEWUSST SEIN

Forschung in diesem Themenspektrum passierte jahrzehntelang nur in eine Richtung. ForscherInnen aus dem sogenannten Westen untersuch(t)en die Lebensformen indigener Gruppen, nicht umgekehrt. Obwohl es heute San gibt, die an Universitäten forschen, bleiben dies immer noch Einzelfälle. Sich dieser Tatsache und vor allem dem dahinterstehenden globalen Machtgefälle bewusst zu sein, ist von zentraler Bedeutung. Die Möglichkeiten und Freiheiten sind an dem einen Ende viel größer als an dem anderen. Dieses globale Gefüge im Forschungsdesign stets mitzudenken, ist heute unabdingbar für jede Form von anthropologischer Arbeit.

FAKT 5: ALS FORSCHERIN BAUT MAN EINE PERSÖNLICHE BEZIEHUNG MIT DEN MENSCHEN AUF

Im Feld treffen Menschen aus Fleisch und Blut aufeinander. Vor Ort ist man nicht einfach nur die Forscherin, und die Menschen, deren Lebensform man zu verstehen versucht, sind keine

Forschungsobjekte. Es treffen immer Menschen aufeinander, die Sympathie füreinander hegen oder nicht, die Emotionen miteinander teilen, die eine intensive Form der Kommunikation miteinander eingehen. Die Ju/'hoansi haben immer wieder betont, ich solle eines Tages zurückkommen. Usche Betty, Usche. Begegnungen zwischen Menschen hinterlassen Spuren, völlig unabhängig vom Setting, in dem sie passieren.

Die Ju/'hoansi

Nun zur Praxis. Ich selbst forsche mit den Ju/'hoansi, oder auch Ju/'hoan San, einer Jäger-SammlerInnen-Gesellschaft in der nördlichen Kalahari Namibias. *San,* das ist die Sammelbezeichnung für mehrere indigene Bevölkerungsgruppen im südlichen Afrika, welche heute in über sechs Ländern verteilt leben, darunter Angola, Botswana, Namibia, Südafrika, Sambia und Simbabwe. Laut Schätzungen der WIMSA, *Working Group of Indigenous Minorities in Southern Africa,* geht man von etwa 96.800 Individuen aus. Die gesamte Community ist in mehrere Untergruppen geteilt, welche unterschiedliche Sprachen beziehungsweise Dialekte sprechen sowie teils unterschiedliche kulturelle, soziale und ökonomische Praktiken pflegen. In Namibia gibt es zehn Untergruppen, eine davon sind die Ju/'hoan San. *Ju/'hoansi* ist ein Endonym, das bedeutet, es ist der Name, den sich die Menschen selbst geben.[7] Übersetzt wird er von lokalen Englisch-Sprechern mit „the real people", „the true people" oder „the ordinary people".

In der nördlichen Kalahari Namibias teilen sich rund 2.400 Individuen eine Gesamtfläche von 9.000 km². Im Ballungszentrum der Region leben, abhängig von der Jahreszeit, etwa 400 bis 1000 Menschen. Dort finden sich unter anderem zwei kleine Lebensmittelläden, eine Tankstelle, eine Touristenunterkunft, zwei Schulen (Grundschule und Sekundarschule) sowie ein Verwaltungszentrum. Verlässt man diesen Ort, befindet man sich in der offenen Kalahari und somit im Lebensraum der restlichen Bevölkerung, die sich in Kleingruppen über die gesamte Region verteilt. Die Gruppe, die ich näher kennenlernen durfte, lebt 30 km entfernt vom Zentrum und besteht aus rund 60 Personen. Sie leben

---

7 Im Gegensatz dazu ist ein Exonym der Begriff, den Menschen außerhalb der jeweiligen Community verwenden.

in monogamen Kernfamilien zusammen und teilen sich zum Teil die Feuerstelle mit der vorherigen Generation. Die Infrastruktur des Camps[8] wirkt für eine westlich sozialisierte Person auf den ersten Blick sehr karg. Kein Strom, keine Straßen, keine Häuser. Auf den zweiten Blick wird einem jedoch bewusst, dass dieses naturbelassene Setting ebenfalls eine komplexe Infrastruktur besitzt, auch wenn sie mit freiem Auge nicht sofort erkennbar ist. Feuerstellen dienen als Wärmequelle und Küche. Geschlafen wird unter freiem Himmel. Bewegt wird sich zu Fuß. Gelernt wird voneinander.[9] Die einzigen Gebrauchsgegenstände, die Strom benötigen, sind eine Handvoll Handys, die mittels Solarpanel aufgeladen werden. Einige wenige Familien haben sich kleine Lehmhütten als Lagerort gebaut. Selbstgebaute zeltartige Behausungen aus Naturmaterialien dienen als Schutz vor Wind und Wetter. Aufrecht stehen kann man darin jedoch nicht.

Die Ju/'hoansi sprechen eine Klicklautsprache. Eine weitere Kommunikationsform ist eine lautlose, aus Handzeichen bestehende Form der Verständigung, die vor allem während der Jagd eingesetzt wird. Schnell wird einem bewusst, dass diese beiden Kommunikationsarten sehr gut angepasst sind an die Steppe, deren Geräuschkulisse vor allem aus Knacken, Knistern und dann wieder absoluter Stille besteht.

Auf Grund der unterschiedlichen Lebensrealitäten vor Ort spricht man in der Wissenschaft von einer *mixed-economy*. Während in manchen Gruppen und Familien also Sammeln und Jagen die Lebensgrundlage darstellt, sind andere auf Lebensmittel aus ihren Gärten oder aus dem Lebensmittelladen angewiesen.

---

8 Ich verwende hier absichtlich nicht das Wort Dorf, da es sich mehr um eine lose Gruppierung von Familien handelt als um einen Ort mit einem Ortskern und dorfähnlichem Charakter

9 Viele Kinder gehen nicht zur Schule.

Während meiner beiden Aufenthalte verbrachte ich meine Zeit aus forschungstechnischen Gründen in dem Camp, in dem die Familien den Großteil ihres Lebensunterhaltes durch Sammeln von Wildpflanzen sowie Jagen von kleinerem und größerem Wild bestreiten. Ich war die meiste Zeit mit den aktiven Pfeil-und-Bogen-Jägern unterwegs, begleitete sie auf kleinere und mehrtätige Jagdtrips und tauchte mit ihrer Hilfe ein in die Welt des Spurenlesens. Einen nicht unbeachtlichen Teil meiner Zeit verbrachte ich natürlich auch damit, mich mit dem Setting vertraut zu machen, Abläufe zu verstehen, Menschen kennenzulernen, die Sprache zu erlernen. Dann gab es da auch noch einen uralten Jeep, der in Stand gehalten werden wollte, Forschungsbewilligungen, die sowohl auf nationaler als auch auf lokaler Ebene eingeholt werden mussten und Übersetzer, deren Mitarbeit es zu koordinieren galt. Zusammengefasst: anthropologische Arbeit mit all ihren Facetten.

Erste Aufzeichnungen über die Ju/'hoansi stammen von europäischen Reisenden aus den 50er Jahren des 19. Jahrhunderts. Während es bereits in den kommenden Jahrzehnten immer wieder zu interethnischen Konflikten in Namibia kam, wurde die lokale Community ab dem Jahre 1884 tiefgreifend beeinflusst. Es war das Jahr, in dem Namibia zur deutschen Kolonie, Deutsch-Südwestafrika, ernannt wurde und somit der Beginn der Kolonialzeit. Der San-Genozid sowie die eingeschleppte Rinderpest haben die Bevölkerung und den Wildtierbestand, von dem die indigene Community abhängig war, nachhaltig erschüttert.

Ein einschneidender Kontakt für die weiterführende Geschichte der Ju/'hoansi war die Ankunft der Marshall-Familie im Jahr 1951. Über sieben Jahre lange lebte und arbeitete der US-amerikanische Anthropologe John Marshall gemeinsam mit seiner Familie in mehreren Etappen mit der Community. Die Marshalls unterstützten die Ju/'hoan San maßgeblich in der Kommunikation nach außen, das bedeutet hinsichtlich politischer Agenden auf nationaler und internationaler Ebene. Zum ersten Mal seit dem Beginn der Kolonialzeit wurde der indigenen Community wieder eine Stimme gegeben.[IX]

DAS *CYBER TRACKER* PROJEKT

2017 wurde ich Teil des Projektes Cyber Tracker. Ein Projekt, das unter der Leitung von Harvard Associate Louis Liebenberg zum Ziel hat, die Fertigkeit des Spurenlesens der San-Community in das Leben der Zukunft zu implementieren. Es handelt sich dabei um eine Software, mit Hilfe derer über das Smartphone oder einen Handheld-PC das Verhalten von Tieren aufgezeichnet wird. Spuren und Aktivitäten werden dokumentiert, indem man die entsprechenden Symbole anklickt. Das System wurde für die Datenerfassung des Wildlife-Monitoring sowie zum Schutz von Arten und Ökosystemen konzipiert und kann auch von Personen bedient werden, die weder schreiben noch lesen können.[10] Die Ju/'hoansi haben gemeinsam mit dem Südafrikaner Louis Liebenberg ein System entwickelt, das es ihnen ermöglicht, sich mit ihren kultureigenen Fähigkeiten an die Zukunft anzupassen.

Anstatt der indigenen Community Ausbildungen zu ermöglichen, die nur außerhalb ihres eigenen kulturellen Kontextes von Nutzen sind, entwickelten sie in diesem Fall selbst eine Möglichkeit, ihre eigenen, hoch komplexen Fähigkeiten weiter auszuführen.

---

10 Die Software wird mittlerweile auch in anderen Bereichen eingesetzt, wie z.b. für Bürgerbeteiligungsprojekte, in der Landwirtschaft, der Pädagogik, für Sozial- und Gesundheits-Studien, zur Kriminalitätsverhütung sowie zur Katastrophenhilfe.

So schaffen sich ForscherInnen und Indigene gegenseitig Zugang zu den jeweiligen Welten und kombinieren diese auf eine Art und Weise, die Neues entstehen lässt. Probleme aus beiden Welten werden gleichzeitig gelöst. Es entstehen zum einen Möglichkeiten der Erwerbstätigkeit, und zum anderen können Daten erfasst werden, die ohne die Expertise der Jäger und SammlerInnen nicht erfasst werden könnten.

Als Freeware erhältlich, wird Cyber Tracker mittlerweile in über 200 verschiedenen Ländern verwendet.[x]

2

AUF SPURENSUCHE IN UNSERER VERGANGENHEIT

Welche Spuren aus der Vergangenheit müssen wir untersuchen, um die kulturellen Gegebenheiten der Zukunft zu erahnen? Wie verlief der Weg unserer Spezies und wie hat uns die Zeit seither geformt? Können wir anhand evolutionärer Entwicklungen ablesen, wofür wir gemacht sind? Frei nach dem Motto: Sag mir, wer du warst, und ich sag dir, wer du bist? Klingt zu einfach. Ist es wohl auch. Was man in der Wissenschaft also tut ist, sich stets den Antworten auf Fragen wie diesen anzunähern, in Form eines Diskurses. Wann, wie und wozu wir gemacht sind, sind überdies Fragen, deren Beantwortung immer in einen soziopolitischen Kontext eingebettet ist. Umso wichtiger, sie immer wieder aufs Neue aufzugreifen.

Dieses Kapitel liefert vielleicht durchaus überraschende Erkenntnisse darüber, wozu wir im Stande und fähig sind, und zwar auf Basis der und durch den Einblick in die jahrtausendealte Praxis des Spurenlesens. Diese überlebenswichtige Tätigkeit formte uns sowohl auf sozialer als auch auf kognitiver Ebene – und ja, sie machte uns mit großer Wahrscheinlichkeit zu WissenschaftlerInnen. Während die hohe Kunst des Spurenlesens in den Sozialwissenschaften bislang noch keine große Aufmerksamkeit erlangte, birgt sie spannende Erkenntnisse und leistet einen Beitrag dazu, das Wesen des Menschen in all seiner Komplexität wieder ein Stück weit besser zu verstehen.

Wir lernen von den Ju/'hoan San, was es mit der Kunst des Spurenlesens auf sich hat und machen ebenso eine Reise in unser aller Vergangenheit, um zu erfahren, wie uns die Kunst des Fährtenlesens bereits in der Altsteinzeit prägte und wie sie uns zu WissenschaftlerInnen gemacht haben könnte.

Homo wer?

Homo erectus, Homo sapiens, Homo neanderthalensis: Geht es um die Geschichte der Menschheit, fallen die Namen dieser Berühmtheiten sehr oft. Man kennt sie, kann sie jedoch zeitlich nicht immer ganz so leicht einordnen. Bringen wir Licht ins Dunkel. Laut heutigem Stand der Wissenschaft gab es in der Vergangenheit mehrere Menschenarten. Unter ihnen Homo rudolfensis, Homo habilis, Homo naledi, Homo ergaster, Homo heidelbergensis sowie die drei bereits genannten.

Homo selbst ist eine Gattung der Menschenaffen, der Hominiden, welche man in vier lebende Gattungen unterteilt: Gorillas, Orang-Utans, Schimpansen und Homo.[XI]

Zerlegt man die Gattung Homo in ihre Einzelteile, ergeben sich die genannten Menschenarten. Heute wissen wir, dass abgesehen von Homo sapiens alle anderen Homo-Arten ausgestorben sind. Zudem wird die Existenz bestimmter Homo-Arten innerhalb der Wissenschaft stark diskutiert. Dies beruht auf einer teils geringen beziehungsweise unklaren Evidenzlage.[XII]

Worüber man sich einig ist: dass unsere Spezies, also Homo sapiens, seit circa 300.000 Jahren existiert. Tatsächlich sind wir im Jahr 2017 sogar um 100.000 Jahre gealtert. In diesem Jahr entdeckten ForscherInnen in einer Höhle in Marokko die ältesten Überreste eines weiblichen Homo-sapiens-Skeletts. Bis dahin beschrieben WissenschaftlerInnen ein rund 200.000 Jahre altes Skelett als unseren ältesten Vorfahren.[XIII] Nach diesem Fund waren wir plötzlich um einiges älter, als wir bisher dachten. Ein Beispiel für kontinuierliches Dazulernen innerhalb der Wissenschaft.

Um diese Information zeitlich besser einordnen zu können, sei an der Stelle erwähnt, dass man heute davon ausgeht, dass Homo erectus, Vorfahre des Homo sapiens sowie des Neandertalers, bereits zwei Millionen Jahre alt ist.

Ist in diesem Buch also die Rede von unseren (alt)steinzeitlichen Vorfahren, geht es dabei immer um Homo sapiens. Wo unsere Reise vor 300.000 Jahren begonnen hat, ist umstritten. Im Grunde gibt es hierzu zwei größere Theorien. Man spricht dabei zum einen vom Out-of-Africa-Modell und zum anderen vom multiregionalen Modell. Ersteres besagt, dass der Übergang von Homo erectus zu Homo sapiens in Afrika stattgefunden hat. Von dort aus hätte sich Homo sapiens vor mehr als 100.000 Jahren auf alle anderen Kontinente ausgebreitet und die dort vorgefundenen Menschenarten verdrängt. Beim multiregionalen Modell geht man davon aus, dass der Übergang von Homo erectus zu Homo sapiens an mehreren Orten der Alten Welt[11] stattgefunden hat, wobei unterschiedliche moderne menschliche Charakteristika zu unterschiedlichen Zeitpunkten an unterschiedlichen Orten entstanden.[XIV]

Es ist unschwer zu erkennen, dass große Fragen auch in der Wissenschaft immer wieder und immer unbeantwortet bleiben müssen und dass zeitliche Einordnungen immer nur als Status quo der zum jeweiligen Zeitpunkt vorliegenden Erkenntnisse betrachtet werden können. Denn Wissenschaft, das liegt in der Natur der Sache, ist immerwährende work in progress.

Geht es um die Definition von Homo sapiens und seinen Charakteristika, fokussiert man innerhalb der physischen Anthropologie auf die Konstitution und die Abstammung des Menschen. Er wird, im Anschluss an die Evolutionstheorie, als biologisches Wesen wahrgenommen.

Was macht den Menschen aber aus einer kultur- und sozialanthropologischen Perspektive aus? Wie der Name der Disziplin schon verrät, geht es hierbei zum einen um die Formen sozialer

---

11 Europa, Afrika, Asien

Organisation, zum anderen um die vielschichtigen Aspekte von Kultur und ihrer Weitergabe. Aber auch der Ursprung des Menschseins ist Thema und wirft Fragen nach Aspekten der Grundausstattung des sozialen und kulturellen Wesens des Homo sapiens auf. Wie ist es uns möglich, in Gesellschaft zu leben, uns gemeinschaftlich zu organisieren und Kultur zu erleben, sowohl auf sozialer als auch auf kognitiver Ebene? In diesem Kapitel machen wir uns auf die Suche nach eben diesem Ursprung und landen dabei beim Spurenlesen. Diese in Vergessenheit geratene Tätigkeit lehrt uns sehr viel über die kognitiven und sozialen Fähigkeiten des Menschen. Indem wir die Spurenlese-Praxis in ihre Einzelteile zerlegen, lernen wir die spezifische Kommunikationsform des Menschen, nämlich jene über Zeichen und Symbole, kennen. Das Spannende ist, dass aus evolutionärer Perspektive der jagende und sammelnde Lebensstil den Großteil unserer Zeit als Homo sapiens ausgemacht hat.[12] Das bedeutet, die Fähigkeit des Trackings (ein Synonym für Spurenlesen) begleitet uns bereits seit geraumer Zeit. Und die damit verbundene Praxis hat uns geprägt, und zwar, wie wir sehen werden, bis heute. Im Folgenden erfahren wir, wie und wann der Mensch im Laufe der Evolution zum/r SpurenleserIn und dadurch mit großer Wahrscheinlichkeit zum/r WissenschaftlerIn wurde. Was wiederum die Art und Weise prägt, wie er seither mit der Welt in Kontakt tritt, sie interpretiert und gestaltet.

Gehen wir dieser These also auf den Grund und treten ein in die praktische Welt des Spurenlesens. Wir lernen von den Ju/'hoan San, den letzten aktiven SpurenleserInnen unserer Zeit.

---

12 Laut heutigem Stand der Wissenschaft hat die Gattung Homo etwa 90% ihrer Zeit als Jäger und SammlerInnen verbracht.

Spurenlesen

Spurenlesen, Fährtenlesen oder (Animal) Tracking[13] kann definiert werden als die Kunst, ein Tier zu verfolgen, ohne es tatsächlich zu sehen. Das bedeutet, die Zeichen, die es hinterlässt, wahrzunehmen, zu verstehen und richtig zu interpretieren. Während meiner Forschungsaufenthalte bei den Ju/'hoan San in der Kalahari habe ich schnell bemerkt, dass das Spurenlesen innerhalb der San-Communities das bloße Verfolgen und Jagen von Tieren jedoch überschreitet. Denn auch beim Sammeln von Nahrung, bei der Überwachung des Verhaltens von Wildtieren, beim sicheren Navigieren in freier Wildbahn, bei der Orientierung oder beim Beobachten von Familie und Freunden ist Spurenlesen ein zentraler Aspekt. Beherrscht beziehungsweise lebt man diese Tätigkeit selbst nicht im Alltag, ist es oft schwer, die Bandbreite der Anwendungsmöglichkeiten zu verstehen und wirklich erfassen zu können. Die Folge ist, dass Spurenlesen als Fähigkeit außerhalb der wissenschaftlichen Beschäftigung mit ihr oft unerklärt und eine Art Mythos bleibt und so sogar zum Material rassistischer Ideologien wird. Berichte und Vorstellungen reichen dabei von der Idee, dass San-Communities fähig wären, instinktiv in der Kalahari zu navigieren, ihr Gefühl ihnen verrät, wo sich das Wild verstecke, und sie mit der Fähigkeit, Spuren lesen zu können, geboren würden. Stereotype mit einer rassistischen Färbung, die es aufzudecken gilt.

Bereits vor mehr als 20 Jahren hat der Anthropologe Thomas Widlock zu einer gründlichen Untersuchung von Tracking Skills aufgerufen. Er schrieb: „Eine angemessene Anerkennung sozialer Faktoren in kognitiven Prozessen räumt zum einen Missverständnisse aus dem Weg und demonstriert gleichzeitig, dass ein

---

13 Diese drei Begriffe sind Synonyme für ein und dieselbe Tätigkeit.

adäquates Modell des Geistes (engl. „mind") eine Ethnographie kognitiver Prozesse erfordert." (Widlok 1997, p.329) Die folgenden Seiten sind eine lange ausstehende Antwort auf diesen Aufruf.[14]

SPURENLESEN BEI DEN JU/'HOANSI

Um gedanklich in die Welt des Spurenlesens eintauchen zu können, soll vorerst ein Bild der Umgebung gezeichnet und Flora und Fauna der Kalahari beschrieben werden. Die Kalahari ist ein beckenähnliches Flachland und liegt im Inneren des südlichen Afrikas. Sie erstreckt sich über Botswana, Namibia und Südafrika und ist unterteilt in die südliche, nördliche und zentrale Kalahari. Sie ist gekennzeichnet durch sanft hügelige Landschaften, teilweise sandbedeckte Flächen und je nach Jahreszeit durch trockene oder mit Wasser gefüllte Senken. Die Kalahari, die auch als Kalahari-Wüste bekannt ist, ist keine klassische Dünen-Wüste, sondern eine Steppe. Einmal im Jahr ist Regenzeit, der Regenfall variiert dabei stark von Jahr zu Jahr. Es gibt keine permanenten Flüsse in der Region. Nach starkem Regenfall bilden sich große, teils überdimensionale Wasserbecken, die Wasser bis zu sechs Monate lang speichern können.

---

14 Die Anthropologie und die Wissenschaft im Allgemeinen liefern bis dato nur sehr wenig ethnographische Daten zur Praxis des Fährtenlesens. Einige Informationen wurden dennoch durch Forschungen innerhalb der San-Communities zusammengetragen. Die drei zentralsten Beiträge liefern Louis Liebenberg, Associate of Human Evolutionary Biology an der Harvard Universität, welcher vor allem die technischen Details des Fährtenlesens aufschlüsselt, die Kultur- und Sozialanthropologin Dr. Megan Biesele, die weibliche SpurenleserInnen in die Debatte integriert, und der Kultur- und Sozialanthropologe Prof. Dr. Thomas Widlock, welcher in seinen Forschungen Tracking-Aktivitäten mit Mobilitätsstrategien und Orientierung verknüpft.

In der Kalahari Namibias ist man meist umgeben von niedrigem Gebüsch, Akazien, dornigen Sträuchern und teils riesigen Baobabbäumen, die eine Höhe von bis zu 25 Metern erreichen können. Es gibt Gebiete, in denen eine große Anzahl von Bäumen für Schatten sorgen. Charakteristisch für den Großteil der Kalahari sind jedoch dünn bewachsene, ebene Flächen. Der Sommer erreicht Temperaturen von bis zu 45° Celsius und endet mit einer durchschnittlich viermonatigen Regenzeit. Die Winter sind moderater, die Temperaturen erreichen maximal 25° Celsius. Nachts können sie sogar auf unter null Grad fallen. Die Fauna der namibischen Kalahari ist beeindruckend. 25 Reptilien- und Amphibienspezies, 80 verschiedene Vogelspezies, Wild wie Kudu, Spießbock, Gnu, Warzenschwein, Erdferkel, Stachelschwein, Steinbock oder Springhase teilen sich einen Lebensraum. Andere Tiere, die heute nicht mehr von der indigenen Bevölkerung gejagt werden, sind Giraffen, Eland-Antilopen, Pferde- und Kuhantilopen. Auch beeindruckende Raubtiere wie Löwen, Leoparden, Geparden, Wildhunde, Hyänen, Wildkatzen sowie Schakale leben in der Region.

Jede dieser Tierarten hinterlässt einzigartige Spuren, sogar die kleinsten unter ihnen (es ist erstaunlich, wie manche Menschen vor Ort die Spuren unterschiedlicher Ameisenarten ausmachen können!).

Wie und wodurch können Spuren eines Tieres nun identifiziert werden? Der augenscheinlichste Hinweis sind Fuß-, Huf- und Pfoten-Spuren. Diese verraten erfahrenen Trackern Geschlecht, Alter, Geschwindigkeit, Bewegungsrichtung und sogar, ob ein Tier schwanger ist. Die Hufabdrücke einer trächtigen Giraffe sind bei gewisser Beschaffenheit des Bodens tiefer als die einer nicht trächtigen. Auch die Aktivität des Tieres kann erkannt werden – gegebenenfalls stellt man die Bewegung nach, um zu visualisieren, welche Situation sich abgespielt haben könnte.

Bedenkt man nun, dass der Untergrund sich stark unterscheiden kann – schlammig, hart und trocken, weich, sandig, steinig, erdig –, sind Spuren nicht immer eindeutig lesbar. So ist es eher eine Seltenheit, auf eine frische Spur zu treffen, die auf den ersten Blick entschlüsselt werden kann. Aus diesem Grund stützt man sich meist auf ein breiteres Spektrum an Hinweisen, wie Geräusche, tierische Laute, Gerüche, Spuren in der Vegetation, Fressspuren (wie zum Beispiel angeknabberte Büsche oder Äste), Urin, Kot, Speichelflüssigkeit, Unterschlupfe und Bauten oder Skelette. Gleichzeitig sind äußere Umstände, wie das Wetter, die Tageszeit oder die Zeit des Jahres, wichtige Informationsquellen.

Das exakte Alter einer Spur festzumachen ist sehr anspruchsvoll und ist nur Trackern mit sehr viel Erfahrung vorbehalten. Louis Liebenberg, südafrikanischer Tracking-Experte, beschreibt einige Konstellationen, in denen dieser Umstand deutlich wird:

- Feuchte Spuren liefern oft präzise Hinweise für das Alter einer Spur.
- Frischer Kot, frischer Urin oder auch feuchter Speichel auf Büschen, an dem ein Tier geknabbert hat, zeigen beispielsweise an, dass eine Spur sehr frisch sein muss.
- Hat ein Tier erst vor kurzem an einer Wasserstelle getrunken, wird man Wasserspritzer in der Nähe der Stelle finden.
- Umgekehrt helfen auch überlagerte Spuren dabei, das Alter der Spur festzumachen. Früh am Morgen können Spuren von Vögeln die Spuren eines nachtaktiven Tieres überlagern.
- Ein anderer wichtiger Marker ist das Wetter. Hat sich ein Tier im Schatten ausgeruht, kann unter Berücksichtigung der Sonnenbewegung ein relativ akkurater Zeitpunkt festgelegt werden, an dem sich das Tier an diesem

Ort befunden haben muss. Weht ein starker Wind, verlieren Spuren schnelle ihre klare Definition.
- Eindeutige Spuren in windigem Terrain sind dementsprechend immer frisch (Liebenberg 2013, p.67).

An dieser Stelle wird bereits klar: Spurenlesen ist eine komplexe Angelegenheit. Abgesehen von all den Zeichen, die dabei helfen, eine Spur zu identifizieren, erfordert Fährtenlesen außerdem umfassende ökologische Kenntnisse. Spurenlesende müssen wissen, wie sich Tiere im Laufe unterschiedlicher Tageszeiten sowie während unterschiedlicher Jahreszeiten verhalten. Es gilt das individuelle Verhalten eines Tieres zu kennen sowie sein Verhalten in der Herde oder im Zusammentreffen mit anderen Gattungen. So weist beispielsweise ein bestimmter Ruf eines Schakals auf einen Aasfresser oder ein großes Raubtier hin, dem der Schakal im Begriff ist zu folgen. Und eine Herde aufgescheuchter Springböcke deutet mit großer Wahrscheinlichkeit auf die Präsenz eines Raubtieres hin.

Angewandt werden Tracking Skills und das komplexe Wissen über Flora und Fauna aber nicht nur, um Tiere zu verfolgen und sie zu jagen, sondern auch, um sich selbst vor gefährlichen Tieren zu schützen, um sich zu orientieren und um zu navigieren.

Dass das Wissen um das Verhalten in der Tierwelt sogar überlebensnotwendig sein kann, habe ich bei einem meiner mehrtägigen Jagdtrips mit indigenen Trackern gelernt. *Betty, the elefants are coming,* ist ein Satz, den ich heute noch in meinem Kopf höre, wenn ich an diese Geschichte denke.

Nach zwei Wochen ohne Dusche war der gefüllte Wasserkanister eine wahre Wonne. Die Vorstellung, meine sandigen Haare zu reinigen und zu kämmen war eine wunderbare Vorstellung. Wir, das waren drei Jäger, ein Tracker, ein Übersetzer, mein Forschungskollege und ich, verbrachten bei unseren mehrtägigen Jagdtrip teils ruhige Nachmittage. Wenn wir nicht gerade am Spurenlesen oder Kochen waren, hatten wir Zeit, uns auszuruhen. Einen dieser Momente nutzte ich also, um mich vom Haaransatz bis zur kleinen Zehe zu waschen. Wellness in der Kalahari sozusagen. Ich schnappte mir den Wasserkanister und machte mich auf den Weg. In der offenen Kalahari sollte ich mich nicht allzu weit wegbewegen, wie mir mein Kollege erklärte, der bereits seit über 30 Jahren in der Region forscht und arbeitet. Vor allem, da ich das Land nicht gut lesen kann, schnell auf etwas Giftiges treten oder die Orientierung verlieren könnte. Was mir zuvor leider auch schon passiert war.

Ich begann also mein Ritual nicht unweit von unserem Schlafplatz. Ich hatte gerade meine Haare nass gemacht, als ich meinen Kollegen aus der Ferne hörte: „Betty, where are you, come here!" Echt jetzt?! Nach Wochen ohne jegliche Privatsphäre werden mir jetzt sogar diese 15 Minuten Outdoor-Dusche verwehrt? Nicht mit mir. Ich tat, als hätte nicht nichts gehört und shampoonierte mein Haar ein.

Drei Minuten später wieder: „Betty, come here!" Stur ignorierte ich weiterhin die Rufe. Als ich kurz darauf hörte: „Betty, come here quickly, the elephants are coming!", änderte sich meine Stimmung schlagartig. Elefanten, wie toll! Schnell noch einmal ein bisschen Wasser über den Kopf und zurück zu den anderen. An unserem Schlafplatz erwartete mich folgendes Bild: Auf dem Dach unseres weißen 1981er Landcruiser standen zwei Jäger, daneben mein Kollege. Der dritte Jäger sowie der Tracker standen vor dem Auto. Alle Blicke waren nach vorne gerichtet. Schnell kletterte ich ebenfalls aufs Auto, um zu sehen, was sie sahen. Und da war sie. Eine Herde von mehr als 40 Elefanten, in freier Wildbahn, mitten in der offenen Kalahari, nur etwa 50 Meter von uns entfernt. Ich traute meinen Augen

nicht. Es war, als würde ich plötzlich alles in Zeitlupe wahrneh-
men. Ich blickte auf diese wunderbaren Tiere als stille Beobach-
terin. Doch so tief ich in diesen Moment versunken war, so
schnell wurde ich auch wieder herausgerissen: Einer der Jäger
neben mir klatschte plötzlich in die Hände. Und was dann pas-
sierte, war verblüffend. Alle 40 Elefanten blieben stehen, dreh-
ten sich sprungartig um 180 Grad und liefen weg. Und all das
lautlos. Ihre mit Fett gepolsterten Füße machten ihre Schritte fast
geräuschlos. Alles passierte sehr schnell. Während ich noch mit
offenem Mund staunte und in Demut versank, folgte bereits
eine Erklärung für das, was ich soeben gesehen hatte. Mein Kol-
lege und die Jäger sagten mir, dass wir uns gerade in einer po-
tenziell lebensbedrohlichen Situation befunden hatten. Die Her-
de bewegte sich auf uns zu. Hätten die Jäger sie vorbeiziehen
lassen, hätte sie mich mit großer Wahrscheinlichkeit an meinem
Waschbaum überrascht. Problem Nummer eins – deswegen die
eindringlichen Rufe meines Kollegen.

Das noch größere Problem war jedoch, dass sich eines
der Jungtiere von der Herde wegbewegt hatte und eine andere
Richtung einschlug. Hätten die Jäger nicht eingegriffen, wären
wir mit unserem Auto also zwischen die Herde und das
Jungtier geraten – aus Sicht der Herde eine Bedrohung und
ein eindeutiges Signal für einen Verteidigungsangriff. Die
Elefanten hätten ihren Nachkömmling beschützen wollen.
Deswegen wurden die Jäger um mich auch etwas unruhig,
während ich noch mit Staunen beschäftigt war. Und warum
Klatschen? Elefanten haben ein sehr ausgeprägtes Gehör.
Klatschen von Menschenhand ist ein für sie unbekanntes
und unnatürliches Geräusch, das sie in Angst versetzt und in
die Flucht schlägt. Und obwohl alle anderen einstimmten,
nachdem einer der Jäger zu klatschen begann, folgte die Reak-
tion der Tiere bereits nach dem ersten Klatschgeräusch.

Was mich dieses Erlebnis gelehrt hat war, dass es nicht
nur wichtig ist das Verhalten aller Tiere zu kennen, um Spuren
zu lesen, um zu navigieren und um sich zu orientieren, sondern
auch, um das eigene Leben zu sichern.

SPURENLESEN WÄHREND DER JAGD

Sehen wir uns nun genauer an, wie das tatsächliche Lesen und
Interpretieren von Tierspuren während der Jagd vonstattengeht.
Welche Prozesse lassen sich vor allem auf kognitiver Ebene erkennen? Hierbei unterscheidet Liebenberg drei Arten des Spurenlesens: *simples*, *systematisches* und *spekulatives* Tracking. Die
Unterscheidung hilft dabei, ein Gespür für die Praxis zu bekommen und insbesondere letztere Variante zeigt die Komplexität
des gesamten Prozesses auf. Die letzten beiden werden wir uns
im Laufe des Kapitels noch genauer ansehen.

Simples Tracking. Diese Art der Spurensuche beschränkt sich
auf das Verfolgen eindeutiger Fußabdrücke auf idealem Untergrund. Spuren sind in diesem Fall weder verdeckt noch verschleiert.
Die geringe Dichte an unterschiedlichen Spuren macht es einfach, eine Fährte zu identifizieren.

Systematisches Tracking. In der nächsten Stufe geht es nun
nicht mehr nur darum, Fußabdrücke zu lesen, sondern darum,
systematisch Zeichen auf verschiedenen Ebenen zu erkennen.
Diese können sein: Urinspuren, Kotspuren, Speichel, Fellreste,
veränderte Vegetation etc. Offensichtliche Anhaltspunkte werden
miteinander kombiniert, um die Handlung des Tieres zu rekonstruieren. Ausschließlich beweisbare Hinweise werden für die
Analyse herangezogen.

Spekulatives Tracking. Dies ist die komplexeste Form des Tracking. Es werden nicht mehr nur offensichtliche Hinweise in Betracht gezogen, sondern man bezieht auch das Grundwissen über das Verhalten des Tieres mit ein sowie das Allgemeinwissen über das Terrain. Die Verknüpfung dieser Informationen hilft dabei, Hypothesen zum Verhalten des Tieres aufzustellen. Diese gilt es schließlich zu widerlegen beziehungsweise zu bestätigen. Es handelt sich also um einen spekulativen Vorgang, der verlangt, sich Dinge vorzustellen, die im Außen nicht eindeutig erkennbar sind.

Hier ein Beispiel, wie spekulatives Tracking in der Praxis abläuft.

Es war 6:30 Uhr. Noch war alles ruhig. Als die Sonne aufging, machten sich Koma, /ui //koma, Dam, mein Kollege und ich bereit für unseren Jagdtrip. In meinem Gepäck zwei große Wasserflaschen, Sonnencreme, Kamera, Notizbuch, ein Stift sowie mein Diktiergerät.

Ohne viele Worte starteten wir im Gänsemarsch. Ich dabei immer dicht auf den Fersen der Jäger. Auf diese Art vermied ich auf Schlangen oder Skorpione zu steigen, die ich selbst nicht sehen würde. Wir bewegten uns sehr schnell.

Die erste Stelle, an der wir Halt machten, war der Bau eines Stachelschweines. Es gab einige davon ganz in der Nähe des Camps. Die Jäger inspizierten das große Eingangsloch. Sie prüften es auf frische Eintrittsspuren. Kein Glück. Es ging also weiter. Es folgte ein langer Marsch ohne große Unterbrechungen. Nachdem wir gegen 7 Uhr früh gestartet waren, dauerte es bis circa ein Uhr mittags, bis wir plötzlich ein Zeichen bekamen. Der erste Jäger in unserer Menschenkette streckte uns die flache, rechte Hand entgegen, sein Blick weiterhin nach vorne gerichtet. Dieses Handzeichen bedeutete Stopp, stehen bleiben und langsam ducken. Genau das taten wir also. Alle, bis auf den ersten Jäger und den Jäger direkt hinter ihm. Alle nahmen nun ihre Kappen ab und versuchten sich damit so unauffällig wie möglich zu machen. Die beiden Jäger spähten weiterhin nach vorne. Sie hatten ein Tier entdeckt. Ich merkte, wie mein Adrenalinspiegel stieg. Niemand bewegte sich. Wir alle beobachteten mit angehaltenem Atem die Jäger. Das von ihnen erspähte Tier war aus meiner Position leider nicht erkennbar. Die pralle Mittagssonne schien uns in diesem Moment auf den Kopf, Aufregung lag in der Luft. Und da: Auf einmal sah ich, wie einer der Jäger einen seiner Pfeile zückte. Er zog ihn aus dem Köcher, den er an seiner rechten Schulter mit sich trug. Ganz langsam, ganz vorsichtig. Ruckartige Bewegungen wären nun fatal. In leicht gebückter Haltung spannte er seinen Giftpfeil in den Bogen ein. Die Bewegung wirkte elegant auf mich. Die nächsten Sekunden hielt er den Bogen gespannt, mit einem klaren Ziel im Auge. Und plötzlich: Schuss!

Kurz darauf begannen die beiden Jäger laut miteinander zu sprechen und auch die hockenden Tracker standen auf und schlossen sich an. Das hieß: Der Pfeil war ins Leere gegangen und hatte das Tier verschreckt, sodass es direkt die Flucht ergriff. Ein weiteres Anpirschen hatte in diesem Fall keinen Sinn mehr. Das Tier war nun auf der Hut.

Nachdem die Situation unter den Jägern und Trackern besprochen wurde, ging es weiter. Es dauerte nicht lange und eine zweite, frische Spur wurde entdeckt. Same procedure. Wir wurden aufgefordert, uns zu ducken und ruhig zu verhalten. Wieder beobachteten wir die beiden Jäger. Leider bewegten sie sich immer weiter nach vorne, sodass ich sie bald kaum noch etwas sehen konnte. Dieses Mal dauerte alles etwas länger. Mittlerweile lagen auch die Jäger am Boden und starrten konzentriert nach vorne. Welches Tier ist es wohl, fragte ich mich? Es

dauerte circa 15 Minuten, bis /ui //koma seinen Pfeil abschoss.
Und siehe da: Treffer!!

In mir stieg ein Gefühl von Euphorie auf, ich wollte jubeln,
schreien, tanzen – wie aufregend! Alle anderen um mich her-
um blieben erstaunlich ruhig, wirkten gar emotionslos auf mich.
Wir warteten auf ein Zeichen von den Jägern, die uns nach ein
paar Minuten zu sich winkten. Ich beobachtete die Situation
und die Gespräche, verstand zwar nicht wirklich, was gespro-
chen wurde, konnte jedoch interpretieren, dass wir dem ange-
schossenen Tier bald folgen würden. Jetzt wirkte /ui //koma,
als würde er „auftauen", er lachte und beschrieb die Bewegun-
gen des Tieres mit lebendiger Körpersprache. Nach einer Rauch-
pause gingen wir dem verletzten Tier auf die Spur. Es handelte
sich um ein Kudu, eine Antilopenart. Die frischen Spuren wa-
ren eindeutig zu erkennen. Nach kurzer Zeit wurden die Huf-
von Blutspuren begleitet. Man erklärte mir, dass das Tier in die
Lunge getroffen wurde und deswegen stark blutete. Gleichzeitig
würde das Tier nur sehr kurz leiden, da ein Lungenschuss einen
sehr raschen Tod bedeutet. Und tatsächlich: Nach etwa weite-
ren 15 Minuten entdeckten wir das tote Tier.

Um genau zu verstehen, was bei dieser Jagd und respektive
bei der Jagd grundsätzlich passiert, zerlegen wir den gesamten
Ablauf dieser Kudu-Jagd in ihre einzelnen Phasen:

SCHRITT 1: EIN TIER FINDEN

Ein Team besteht im Durchschnitt aus mindestens drei Personen, wobei mindestens zwei davon Pfeil und Bogen mitbringen. Alle anderen unterstützen beim Spurenlesen. Voraussetzung
dafür, als Team zu funktionieren, ist es, ein gemeinsames Ziel zu
definieren. Dieses besteht im Falle der oben beschriebenen Jagd
darin, ein Tier zu jagen, welches zum Beispiel mit Hilfe eines

Giftpfeiles erlegt werden kann. Alle anderen Jagdinstrumente werden zu Hause gelassen. Welches Tier konkret gejagt werden soll, ist zu diesem Zeitpunkt noch offen. Während die Jäger ihren Fußmarsch starten, sind folgende Fragen für die Individuen der Gruppe relevant:

- Sind Tiere in Sichtweite?
- Erkenne ich Spuren eines Tieres rund um mich?
- Wie frisch sind diese Spuren?
- Wie verhält sich das Wetter im Moment?
- Welche Tageszeit haben wir?
- In welcher Jahreszeit befinden wir uns?
- Was ist das vorhersehbare Verhalten der verschiedenen Spezies zu dieser Tages- und Jahreszeit?

Im Prozess blicken die Jäger stets in die Ferne, um Tiere zu erspähen, checken den Boden auf mögliche Spuren und haben gleichzeitig den Himmel im Blick, um zu erkennen, ob Vögel möglicherweise Hinweise geben (kreisende Aasgeier sind beispielsweise ein Zeichen dafür, dass in der Nähe vor kurzem ein Tier von einem Raubtier getötet wurde).

Auch die Geräusche rundherum hat die Gruppe im Fokus – Vogelgezwitscher, knackende Äste, Gebrüll, Geheule und Gestampfe.

Nach einem missglückten Versuch, ein Tier zu erlegen, finden sie schließlich die frische Spur eines männlichen Kudus und haben somit eine neue Problemstellung, die gelöst werden muss.

SCHRITT 2: TRACKING SKILLS UND WISSEN ANWENDEN

Eine erfolgreiche Jagd baut auf dem Wissen, den Erfahrungen und der Sozialisierung der Jäger auf. Spurenlesen und Jagen wird durch Nachahmen und Imitieren erlernt. Das Lesen von Spuren ist eine so alltägliche Tätigkeit, dass alle Mitglieder der

Community unweigerlich von klein auf damit konfrontiert sind. Unterricht in dem Sinne, wie man ihn aus Schulen kennt, gibt es keinen. Bei der Weitergabe von Erlebnissen mit Tieren und dem Wissen um ihr Verhalten spielt das Erzählen von Geschichten eine große Rolle. Storytelling Momente am abendlichen Lagerfeuer sind die Situationen, in denen Erfahrung weitergegeben wird. Die kollektiv aufgebaute Expertise ermöglicht es, folgende Fragen an eine Spur sowie an das Verhalten des Tieres zu stellen:

- Was weiß ich über das Verhalten eines Kudus im Allgemeinen?
- Lebt es in Herden?
- Kann es mit dem Gift des Pfeils getötet werden?
- In welchem Fall würde es mich angreifen?
- Kann es mich riechen?
- Verhält sich ein männliches Tier anders als ein weibliches?
- Wohin bewegt sich dieses eine spezifische Tier?
- Ist es allein unterwegs?
- Geht es gemächlich oder läuft es? Und warum?
- Sind im Umkreis Raubtiere, die das Tier ebenfalls beobachten?

SCHRITT 3: INTERPRETATION DER ZEICHEN

Mit ihrem Wissen über die Verhaltensweise von Kudus im Allgemeinen sowie der Informationen über das Verhalten des spezifischen Individuums können die Jäger folgende Arbeitshypothese aufstellen:

Berücksichtigt man die Tageszeit, allgemeines Gruppenverhalten von Kudus, das individuelle Verhalten und das Geschlecht des Tieres, kann geschlussfolgert werden, dass es etwa vor einer Stunde Richtung Nord-Ost gegangen sein muss. Diese Hypothese konnte nur mit Hilfe der gesamten Gruppe aufgestellt werden. Jeder brachte sein Wissen ein.

SCHRITT 4: STÄNDIGES TESTEN DER HYPOTHESE, DURCH EINBEZIEHEN VON IMMER WIEDER NEUEN ZEICHEN

An dieser Stelle startet eine Phase der ständigen Diskussion. Die aufgestellte Hypothese muss getestet werden. Dazu müssen die Jäger neue Beweise, das heißt Spuren, identifizieren. Durch einen gemeinschaftlichen Prozess werden gewisse Arbeitshypothesen verworfen, weil sie widerlegt werden und neue entstehen. Was in Schritt II) und III) beschrieben wurde, wird dabei immer wieder wiederholt.

SCHRITT 5: SCHLUSSFOLGERUNG AUFSTELLEN

Schlüsse werden rasch gezogen. Jedes Mal, wenn sich ein neuer Hinweis ergibt, entscheiden die Jäger kollektiv, in welche Richtung sie gehen beziehungsweise welcher konkreten Spur sie weiter folgen werden. Ihre Entscheidungen sind dabei immer auf einen Konsens gestützt. Einigkeit ist ein zentraler Punkt beim Spurenlesen. Eine Meinung allein reicht nie aus. Es gibt keine Form von Hierarchie während des Entscheidungsprozesses, vielmehr werden Entscheidungen auf Grund von mehr oder weniger offensichtlichen Fakten getroffen. Ziel des gesamten Teams ist es, stets herauszufinden, wo sich das Tier hinbewegt hat. Weder soziale Hierarchien noch kulturelle Normen beeinflussen die Entscheidungsprozesse, sondern nur tatsächliche Hinweise beziehungsweise fundierte Argumente.

Auf Grund der immer neuen Hinweise veränderte sich die Arbeitshypothese auch bei der Kudu-Jagd immer wieder und wurde letztendlich immer stabiler, je näher das Tracker-Team dem Tier kam. Nur durch diesen gemeinschaftlichen Prozess war es möglich, dass einer der Jäger auch tatsächlich auf das Kudu zielen konnte.

Der Ablauf der Spurensuche bei der Jagd ist immer derselbe. Zuerst geht es darum, ein Tier zu finden, das heißt, frische Spuren zu identifizieren. Die Fährte wird verfolgt, Spuren werden als solche identifiziert und interpretiert. Durch neu auftauchende Hinweise werden die aufgestellten Hypothesen getestet, hinterfragt und verifiziert. Und schließlich entscheiden viele kleine Schlussfolgerungen über den Erfolg und darüber, ob man dem Tier auf die Spur kommt.

Alles in allem handelt es sich um einen kreativen und kooperativen Prozess, der nur dann möglich ist, wenn Jäger und Tracker die Gemeinschaft ohne Bedenken für einen oder mehrere Tage verlassen können.

SPURENLESEN = WISSENSCHAFT?

Analysiert man die kognitiven Vorgänge und die Form des Schlussfolgerns während des Spurenlesens, erkennt man starke Parallelen dazu, wie WissenschaftlerInnen arbeiten. Man erkennt den gleichen Umgang mit Erlebtem. Wissenschaftliches Schlussfolgern ist eine Art, Erfahrungen einzuordnen, und ebenso ist auch das Spurenlesen eine Art, Informationen zu verarbeiten. Um die Parallelen zu erkennen, analysieren wir die kognitiven Prozesse bei der Jagd genauer und klären zum anderen, was genau gemeint ist, wenn wir von *Wissenschaft* sprechen.

SCHLUSSFOLGERUNG, GEDANKENGANG, BEWEISFÜHRUNG

Weiter oben war bereits die Rede von *systematischem* und *spekulativem* Spurenlesen. Bei der ersten Form stützt man sich ausschließlich auf beweisbare und ersichtliche Fakten. Im Gegensatz dazu ist im spekulativen Tracking, wie der Name bereits verrät, Spekulation und damit die Fähigkeit, Hypothesen aufzustellen, ein zentraler Aspekt. Es wird nicht nur mit offensichtlichen Fakten hantiert, sondern auch imaginäre Spuren werden verfolgt. Diese zwei Vorgehen verlangen gänzlich unterschiedliche Beweisführungen und Gedankengänge. So spricht Liebenberg zum einen von induktiv-deduktiven Schlussfolgerungen und zum anderen von hypothetisch-deduktiven Schlussfolgerungen.

Induktiv-deduktives Schlussfolgern. Dieser Vorgang basiert auf konkreten Beobachtungen sowie dem Erkennen von Regelmäßigkeiten im Verhalten der Tiere. Das Wissen, das generiert wird, entsteht durch ein „trial-and-error"-Verfahren. Beobachtungen können in diesem Sinne nicht erklärt werden und genauso wenig können neuartige oder hypothetische Voraussagen getroffen werden. So können lediglich Anhaltspunkte vorhergesagt werden, die in derselben Form schon einmal aufgetreten sind beziehungsweise erlebt wurden.

EIN BEISPIEL: DIE BESTIMMUNG EINER ECHSENSPUR.

Beobachtung	Der Tracker erkennt eine Spur, die ein spezifisches Merkmal aufweist: eine lange Linie vom hinteren zum vorderen Bein.
Erkennen von Regelmäßigkeiten	Alle Warane, die der Jäger bis dato gesehen hat, schleifen ihren Schwanz am Boden entlang.

Generalisierung	Charakteristisch für alle Waran-Spuren ist eine lange Linie vom Hinter- zum Vorderbein.
Voraussage	Diese spezifische Spur weist die spezifische Linie auf, ergo muss es sich um eine Waran-Spur handeln (Generalisierung durch Erfahrung).
Überprüfung	Die Spur wird bis zum Tier verfolgt, um zu verifizieren, dass es sich um einen Waran handelt.

Hypothetisch-deduktives Schlussfolgern[15] Hier werden Beobachtungen mit Hilfe von Hypothesen erklärt. Das Aufstellen von Hypothesen auf eine kreative Art und Weise ist erforderlich, um Schlussfolgerungen ziehen zu können. In diesem Fall werden neue Fakten sozusagen „herbeigeahnt". Es entsteht ein Dialog zwischen Imagination und konkreten Fakten.

---

15 Deduktion = Schluss vom Allgemeinen auf das Besondere. Beispiel: Fische leben im Wasser. Mein Haustier Max ist ein Fisch. Max lebt auch im Wasser.

Beobachtung	Der Tracker entdeckt die Spur eines liegenden männlichen Löwen, der aufstand, zu einer Düne lief, dort stehen blieb und weiter abtrabte.
Hypothese (Erklärung der Beobachtung)	Der Löwe lief wahrscheinlich zu den Dünen, weil er etwas gehört hatte, nicht weil er ein anderes Tier gejagt hat (= kreative Vorstellung). Erklärung: Der Löwe hat eine Löwin in der Ferne gehört
Neuer Fakt/Erkenntnis (= Vorhersage durch Deduktion von Hypothese)	Es handelte sich um einen Löwen, der stehen blieb, als Reaktion auf den Ruf einer läufigen Löwin in der Ferne
Überprüfung	Die Spuren lassen erkennen, dass der Löwe abgetrabt ist, um die Löwin zu finden; in Folge traf der Löwe auf einen weiteren männlichen Löwen; die beiden begannen, um das Weibchen zu kämpfen; am Ende ging der Gewinner mit dem Weibchen[XV];

Die Idee, der Löwe sei zu den Dünen gelaufen, weil er ein Geräusch in der Ferne gehört hätte, ist in diesem Fall ein hypothetisches Ereignis. Der Tracker nützt seine kreative Vorstellungskraft, um die ersten Spuren vor ihm zu interpretieren. Dazu bezieht er sein Wissen über das Verhalten von Löwen, das natürliche Setting sowie die Tageszeit mit ein. Ein gängiges Prinzip ist es, die Aktivität des Tieres nachzuahmen, um so eine Hypothese aufzustellen. Dazu braucht es mehr Informationen über die Situation, als auf den ersten Blick ersichtlich sind. Im gesamten Prozess werden immer wieder Hypothesen aufgestellt, widerlegt und angepasst. Die hypothetische Rekonstruktion des Verhaltens ermöglicht es dem Tracker, die Aktivität des Tieres zu erahnen.[XVI]

WISSENSCHAFT VS. *ZU WISSENSCHAFTEN*

Die ersten Assoziationen, die einem in den Sinn kommen, sobald der Begriff Wissenschaft fällt, sind mit großer Wahrscheinlichkeit ein Universitätsgebäude, Menschen in weißen Kitteln, Labore, Statistiken, ProfessorInnen oder Bibliotheken. Mit diesen stereotypen Vorstellungen bewegt man sich thematisch genau genommen in der Wissenschaftssoziologie. Diese Disziplin untersucht und hinterfragt die Wissenschaft als soziale Einrichtung sowie die Praxis wissenschaftlicher Erkenntnisproduktion. Die philosophische Disziplin der Wissenschaftstheorie hingegen untersucht die Theorie wissenschaftlicher Erkenntnisproduktion. Es ist jener Bereich, der sich damit auseinandersetzt, wie Wissen generiert und weitergegeben wird. Wissenschaft kann und soll demzufolge nicht mit *Akademie* oder *Hochschule* und den ihnen zugehörigen Professionen gleichgesetzt werden. Vielmehr sollte man sich darunter eine Tätigkeit vorstellen. Wissenschaft zu betreiben ist eine Art, mit Erfahrungen und Informationen umzugehen. Aus der wissenschaftstheoretischen Perspektive hilft es demzufolge, das Hilfsverb *wissenschaften* zu verwenden[16]. Es steht für den Vorgang, Erfahrung fassbar zu machen und so aufzubereiten, dass sie weiterverarbeitet werden kann. Dabei werden spezifische Techniken angewandt und bestimmte Grundannahmen befolgt. Letztere umfassen folgende Aspekte: Objektivität, Logik, Systematik.

Annahme	*wichtige Aspekte in der Vorgehensweise*
Wissenschaft ist objektiv	Verifizierbarkeit in der Praxis Testbarkeit und Widerlegbarkeit Objektivität und Empirie
Wissenschaft wendet Logik an	Valide Argumente Fundierte Argumente Logik und Semantik Deduktive Argumente Trugschlüsse
Wissenschaft ist systematisch	Problem definieren Literaturrecherche Hypothese formulieren Daten sammeln Schlussfolgerung ziehen Ergebnisse veröffentlichen

---

16 Das Verb „to science" führte Leslie White in seinem Buch „The science of culture" ein. Während die evolutionistischen Ideen Whites vernachlässigbar und nicht mehr Stand der heutigen Wissenschaft sind, sind Teile seiner Arbeiten, in denen es um die Definition von Kultur und Wissenschaft geht, auch heute noch interessant.

Wichtig für uns hier ist der Schlussfolgerungsprozess. Er ist der dritten Annahme, „Wissenschaft ist systematisch", inhärent. Sehen wir uns im Detail an, was diese Annahme bedeutet. Der amerikanische Anthropologe und Wissenschaftstheoretiker James Lett unterteilt die wissenschaftliche Methode in sechs systematische Schritte.

SCHRITT 1: PROBLEM DEFINIEREN

Das Ziel in der Wissenschaft ist es, logische Aussagen über ein Phänomen zu treffen. Dazu müssen WissenschaftlerInnen im ersten Schritt festlegen, welches Phänomen und welche Fragestellung sie behandeln.

SCHRITT 2: LITERATURRECHERCHE

Bereits existierende Ergebnisse aus ähnlichen Forschungen zu sondieren gibt den WissenschaftlerInnen die Möglichkeit, bereits gesammelte Informationen in das eigene Vorhaben miteinzubeziehen.

SCHRITT 3: HYPOTHESE FORMULIEREN

WissenschaftlerInnen stellen Hypothesen auf, um Phänomene zu erklären. Diese Erklärungen sind immer vorläufig und so aufbereitet, dass sie gegengetestet werden können.

SCHRITT 4: DATEN SAMMELN

Je nach Disziplin werden Daten auf unterschiedliche Arten und Weisen gesammelt. Zwei Dinge müssen alle Vorgänge jedoch gemein haben. Zum einen müssen erhobene Daten öffentlich verifizierbar sein, und zum anderen muss es möglich sein, die hergeleitete Vorhersage mit der Art der Daten entweder zu bestätigen oder zu entkräften.

SCHRITT 5: SCHLUSSFOLGERUNG ZIEHEN

Bestätigung oder Entkräftung der Hypothesen durch deduktive Schlussfolgerungen.

SCHRITT 6: ERGEBNISSE VERÖFFENTLICHEN

Um Fehler, Trugschlüsse oder Täuschungen aufzudecken, ist die öffentliche Prüfung von wissenschaftlich generiertem Wissen unumgänglich. Die Produktion von Wissen ist ein kollektiver Prozess und kann nur innerhalb einer Gemeinschaft passieren.

OBJEKTIV VORGEHEN
VERIFIZIERBARKEIT IN DER PRAXIS
TESTBARKEIT UND WIDERLEGBARKEIT
OBJEKTIVITÄT UND EMPIRIE

DER INHÄRENTE SCHLUSSFOLGERUNGS-PROZESS
HYPOTHESEN AUFSTELLEN
THEORIEN ENTWICKELN
GESETZMÄSSIGKEITEN ERKENNEN

ZU WISSENSCHAFTEN HEISST:

LOGISCH VORGEHEN
VALIDE ARGUMENTE
FUNDIERTE ARGUMENTE
LOGIK UND SEMANTIK
DEDUKTIVE ARGUMENTE
TRUGSCHLÜSSE

SYSTEMATISCH VORGEHEN
PROBLEM DEFINIEREN
LITERATURRECHERCHE
HYPOTHESE FORMULIEREN
DATEN SAMMELN
SCHLUSSFOLGERUNG ZIEHEN
ERGEBNISSE VERÖFFENTLICHEN

SPURENLESEN UND WISSENSCHAFT – DIE PARALLELEN

Meine Forschungen haben gezeigt: Vergleicht man die Prozesse beim Spurenlesen mit denen beim Vorgang des *Wissenschaftens*, lassen sich unübersehbare Parallelen erkennen, sowohl in den Vorgängen an sich als auch in den ihnen zu Grunde liegenden Schlussfolgerungsprozessen.

Systematisch. Die von James Lett beschriebenen „sechs systematischen Schritte" der Wissenschaft können direkt mit den Abläufen beim Spurenlesen verglichen werden. Der Teil der „Literaturrecherche" muss angepasst werden auf „Besprechung bereits existierender Daten und Hypothesen", da Wissen in Jäger-SammlerInnen-Gesellschaften mündlich und nicht schriftlich weitergegeben wird.

Abgesehen davon ist eine Übereinstimmung der Vorgänge klar ersichtlich:

Akademische WissenschaftlerInnen	*San Tracker*
Problem definieren	konkrete Spur ausfindig machen
Durchsicht bereits existierender Daten und Hypothesen (Literaturrecherche)	Einbezug des eigenen und kollektiven Wissens
Hypothese formulieren (creative science)	Hypothese formulieren (creative science)

Sammlung neuer Daten und kontinuierliches Testen der Hypothese	Sammlung neuer Daten und kontinuierliches Testen der Hypothese
Schlussfolgerung ziehen	Schlussfolgerung ziehen
Ergebnisse veröffentlichen	Wissen innerhalb der Community teilen (durch Storytelling)

Logisch. Spurenlesen bedeutet konsequentes und logisches Schlussfolgern. Gibt es keine Hinweise darauf, dass die Fährte eines Tieres immer noch die richtige ist, muss ein Tracker umkehren und einen neuen Weg versuchen. Dieser Entscheidungsprozess ist logisch und zieht sich durch den gesamten Ablauf.

Objektiv. Tracker arbeiten mit auf Fakten basierenden Beobachtungen, welche entweder wahr sein können oder eben nicht. Annahmen wie „Das muss Kudu-Mist sein" oder „Hier hat das Kudu wohl im Schatten gelegen" können nur wahr oder falsch sein, nichts dazwischen. Dementsprechend werden sie kontinuierlich auf ihren Wahrheitsgehalt geprüft.

Zum anderen basieren die moderne Wissenschaft sowie Spurenlesen beide auf *creative science* und der Fähigkeit des kreativen Schlussfolgerns. So werden in beiden Fällen Hypothesen auf einer individuellen Ebene und Theorien auf einer Community Ebene aufgestellt.

Auch wenn weitere Forschungen notwendig sind, um die Kunst des Spurenlesens in ihrer Gesamtheit zu beschreiben und zu verstehen, ergibt sich aus diesen Beobachtungen folgende

Hypothese: Die Fähigkeit des hypothetisch-deduktiven Schlussfolgerns ist weder an die Wissenschaft noch an das Spurenlesen gebunden. Sie ist nicht an eine Institution oder Profession geknüpft. Vielmehr handelt es sich dabei um eine Fähigkeit, die dem Menschen inhärent ist. Es ergibt sich der Hinweis auf die Universalität wissenschaftlichen Schlussfolgerns.

Homo Scientia?

Die Fähigkeit, Spuren zu lesen, um zu jagen, um sich zu orientieren, um zu navigieren oder in anderen Worten, um das eigene Überleben zu sichern, besaßen die Menschen bereits in der Altsteinzeit. Das heißt, auch damals muss Homo sapiens bereits die kognitive Fähigkeit des kreativen (hypothetisch-deduktiven) Schlussfolgerns verinnerlicht haben. Damals gab es Wissenschaft noch nicht in Form einer Institution, einer Profession oder ähnlichem. Angewandt wurde sie dennoch bereits. In seinem Buch „The Origin of Science" entwirft Liebenberg eine revolutionäre Theorie:

> „Ich schlage eine evolutionäre Definition von Wissenschaft vor: Wissenschaftliches Schlussfolgern ist die Anpassung eines Organismus (Homo Sapiens), die durch natürliche Selektion hervorgebracht wurde. Und soweit wir wissen, ist der Mensch die einzige Spezies, die diese Fähigkeit besitzt. Creative Science ist also im Grunde ein Produkt menschlicher Kognition (mind), welches es dem Menschen erlaubt auf eine spezifische Art und Weise mit seinem Umfeld zu interagieren und so seine Überlebenschancen im Laufe der Evolution erhöhte."[XVII]

Liebenberg stellt Wissenschaft als eine einzigartige Fähigkeit des Homo sapiens dar, die im Laufe der Evolution sein Überleben sicherte. Der Südafrikaner, der seit mehr als 30 Jahren mit San Communities arbeitet, wird weltweit als einer der besten nichtindigenen Spurenleser bezeichnet. Er kombiniert seine eigenen Tracking-Erfahrungen, Daten aus seinen Forschungen mit seinem theoretischen Hintergrund aus der Physik und Mathematik und kommt zu dem Schluss, dass die wissenschaftliche Vorgehensweise auf die Tracking-Praxis unserer altsteinzeitlichen Vorfahren zurückgeführt werden kann. Eine ungefähre zeitliche Verortung kann durch die Evidenzen aus der Archäologie festgemacht werden. Da spekulatives Tracking eine Voraussetzung für die Pfeil-und-Bogen-Jagd war und die ältesten südafrikanischen Funde dazu aus der Archäologie 64.000 Jahre[XVIII] und 71.000 Jahre alt sind[XIX], kann rückgeschlossen werden, dass Homo sapiens zumindest seit diesem Zeitraum ein Wissenschaftler ist. Wahrscheinlich war er es bereits davor. Für die Hetzjagd, eine Jagdmethode, die man zeitlich vor der Entwicklung der Pfeil-und-Bogen-Jagd einordnet, können keine archäologischen Funde Beweise liefern. Bei dieser Methode werden nämlich keine Jagdwaffen oder sonstige Utensilien verwendet, stattdessen wird das Wild zu Tode gelaufen. Sie gleicht einem Marathon. Dabei wird das Tier so lange in der Hitze der Mittagssonne verfolgt, bis es an Überhitzung stirbt. Dies funktioniert, da der Mensch mit einem sehr guten Hitzeregulierungsmechanismus ausgestattet ist. Während die Körpertemperatur des Menschen sich durch Schwitzen reguliert, muss das gejagte Wild in den Schatten, um die eigene Körpertemperatur wieder zu senken. Diesen erheblichen Vorteil nutzten unsere Vorfahren für die Jagd, indem sie das Wild immer wieder in die Mittagssonne trieben.[17]

Nun ist bis hierher ausschließlich die Rede von männlichen Jägern und nicht von *Jägerinnen*. Das liegt daran, dass in der Gesellschaft der San Jäger-und-SammlerInnen in der Kalahari ausschließlich Männer jagen. Diese Tendenz erkennt man heute in ähnlich aufgebauten Gesellschaften weltweit und sie scheint auch

---

17 An sich beschreibt Liebenberg folgende Entwicklungsstufen in der Evolution der Jagd: Pflanzensuche → Plünderung von Kadavern toter Tiere → Erlegen kleiner Tiere → Hetzjagd → Jagd mit Wurfgeschossen → natürliche Fallen (zum Beispiel das Ausräuchern von Bauten) → Fallenbau → Jagd mit Speeren oder Pfeil und Bogen (durch Auflauern) → Jagd mit domestizierten Tieren (Hunde)

evolutionär gegolten zu haben.^{XX} Heißt das nun also, nur Männer wurden zu Wissenschaftlern? Nein. Die Tatsache, dass Männer tendenziell jagen und Frauen nicht, bedeutet nicht, dass Frauen keine Spurenleserinnen sind. Tatsächlich ist es so, dass Spuren nicht nur bei der Jagd gelesen und interpretiert werden, sondern auch beim Sammeln. Während die Jagd etwa 30 Prozent der Ernährungsgrundlage darstellt, kommt der Großteil der Nahrung durch die Tätigkeit des Sammelns in die Gemeinschaft und Familien. Je nach Region sind das Knollenfrüchte, Obst, Honig, wildes Gemüse, Pflanzenmaterial und Wildkräuter. Um in der Kalahari zu navigieren und sich sicher zu bewegen, ist die Fähigkeit des Spurenlesens für alle Mitglieder der Gemeinschaft unumgänglich.[18] Ein weiterer Aspekt, der zeigt, dass Spurenlesen eine Gender-übergreifende Thematik ist, ist die Tatsache, dass die Ju/'hoansi auch ihre eigenen Spuren lesen. Das heißt, man erkennt die Fußspuren der eigenen Familien, Freunde, Bekannten und Verwandten.

Mir selbst wurde das bewusst, als ich eines Tages mit dem Auto unterwegs war. Ich saß damals mit drei Jägern am Dach eines Jeeps. Unser Fahrer fuhr etwa 40-50 km/h auf einer dirt-road durch die Kalahari. Immer wieder zeigten zwei der Männer auf den Boden und besprachen, welche Tierspuren sie sähen. Manche waren so eindeutig und groß, dass auch ich sie erkennen konnte. Zumindest erkannte ich, *dass* da Spuren waren. Einmal war ich mir nicht sicher, worauf sie zeigten, und ich fragte den Englisch

---

18 Ein weiterer Punkt, der die Forschungslage verzerrt, ist die Tatsache, dass es bisher de facto keine Aufzeichnungen von ForscherInnen zum Thema Spurenlesen bei Jäger-SammlerInnen-Gruppen gibt. Nur ein einziger Artikel von Megan Biesele (2001) erwähnt eine San-Frau bei der Jagd. Darin werden die Tätigkeiten eines Jagd-Duos beschrieben, bestehend aus einem blinden Jäger und seiner Frau, die ihn bei der Jagd unterstützt. Diese Forschungslücke verzerrt in jedem Fall das Bild, nur Männer würden Spurenlesen (können) als Frauen. Hier gibt es in Zukunft noch Forschungsbedarf.

sprechenden Jäger neben mir: „Was war das für eine Spur?" „Das war sein Cousin!" Er zeigte auf seinen Kollegen. „Er ging hier gestern mit seinem Freund Richtung Dorf." Was für ihn eine unbedeutende Information am Rande war, war für mich eines der größten Aha-Erlebnisse in der Kalahari.

JÄGER, RAUBTIERE UND DEREN STRATEGIE

Um zu verdeutlichen, dass der Mensch tatsächlich wissenschaftlich vorgeht, sehen wir uns an dieser Stelle die Jagdstrategien von Raubtieren an. Diese Perspektive unterstützt das Bild vom Homo scientia.

Systematisches Tracking unterscheidet sich nicht fundamental von den Tracking Skills eines Raubtieres, das seiner Beute folgt, indem es ihrem Geruch nachgeht. Was bei Menschen also die Sicht ist, auf die sie vertrauen, ist bei den Raubtieren der Geruchssinn.

Wir sehen in diesem Fall, dass beide, sowohl Tier als auch Mensch, sich also auf tatsächliche Hinweise und Fakten verlassen, das heißt, der kognitive Prozess ist im Prinzip derselbe.

Interessant ist es nun, sich die Entwicklung hin zum spekulativen Tracking anzusehen. Hier hat sich eine fundamental neue Art des Denkens ausgebildet. Während man sich zuvor lediglich auf observierbare Informationen stützte, ist ab nun die Fähigkeit zur Interpretation von Hinweisen in Form von kreativen Hypothesen möglich und notwendig. Beim spekulativen Tracking muss man sich Dinge vorstellen können, die nicht da sind. Man stellt also z.B. kreative, hypothetische Überlegungen zum Verhalten eines Tieres an und stellt eine Vorhersage auf. Auf Grund des hohen Sonnenstandes, einer möglichen Begegnung mit einem Löwen und der gesamten Herdenbewegung ist das Kudu wahrscheinlich vor etwa drei Stunden in Richtung Südwest gelaufen. Tracker rekonstruieren das Verhalten eines Tieres, ohne direkte

Beweise dafür zu haben. Hypothesen werden aufgestellt und begleitet vom Prozess der ständigen Widerlegung: also eindeutig der Prozess des hypothetisch-deduktiven Schlussfolgerns.[XXI] Das machen Tracker heute, und unsere Vorfahren machten es genauso.

WER WIR WAREN

Zusammenfassend ergibt sich also eine neue Perspektive sowohl auf die Wissenschaft als auch auf Homo sapiens an sich. Es zeigt sich, dass das klassische Bild vom Universitätsgebäude, den Menschen in weißen Kitteln, Laboren und ProfessorInnen erweitert werden muss. Wissenschaft kann auch nicht einfach mit den einzelnen Wissenschaftsdisziplinen gleichgesetzt werden. Sie ist nicht die Summe von (heutigen) Fachrichtungen wie Physik, Mathematik, Biologie, Geografie etc. Wissenschaft kann viel mehr als eine Art und Weise, wie man Realität begreift und interpretiert, betrachtet werden.

Aus evolutionärer Sicht hat sich außerdem gezeigt, dass der Kern der Wissenschaft, also hypothetisch-deduktives Schlussfolgern oder *creative science*, ihren Ursprung nicht etwa im alten Ägypten hat, nicht von Griechen wie Hippokrates oder Aristoteles erfunden wurde oder eine Errungenschaft der europäischen Renaissance war. Wissenschaft ist ein Produkt der Evolution. Disziplinen, Institutionen und wissenschaftliche Professionen, die sich im Laufe der Zeit entwickelt haben, gehören zum Gebiet der Wissenschaftssoziologie und folgten erst viel später.
    Auf die Frage am Beginn dieses Kapitels „Wer waren wir bereits in der Altsteinzeit und wie hat uns die Zeit seither geformt?" haben wir nun also eine Teilantwort. Wir waren damals bereits im Stande, die Welt als WissenschaftlerInnen wahrzunehmen und zu interpretieren – und diese Fähigkeiten blieben uns bis

heute erhalten. Wir nutzen sie bis heute aktiv, wenn teils auch unbewusst. Denn es sind heute nicht nur WissenschaftlerInnen, die *wissenschaften,* sondern letztendlich wir alle, unabhängig von der eigenen Profession. Es ist unsere spezifische Art und Weise, Beobachtungen einzuordnen und zu interpretieren.

Es bleibt die Frage, ob wir anhand evolutionärer Entwicklungen ablesen können, wofür wir als Menschen gemacht sind. Ich behaupte, wir können nicht direkt ablesen, wofür wir gemacht sind, wir können jedoch erkennen, wozu wir im Stande sind. Wissenschaftliches Schlussfolgern gehört jedenfalls zur Grundausstattung des Homo sapiens. Dass wir Erklärungen für Phänomene aller Art finden, dass wir Antworten auf Fragen finden, die keine greifbaren Beweisstücke liefern, das verdanken wir der Evolution. Gibt es ein Phänomen, dessen Erklärung sich uns nicht direkt erschließt, schaffen wir den kreativen Gedankensprung von der Beobachtung hin zu ihrer Erklärung. Diese Fähigkeit nutzen wir seither, um Rätsel zu lösen, um Probleme zu meistern, um neues Wissen zu generieren.

3

EIN WEG,
DIVERSE SPUREN

Während unsere Vergangenheit uns Aufschlüsse darüber liefert, mit welchen Fähigkeiten wir ausgestattet sind, bietet auch die Gegenwart wertvolle Erkenntnisse. Stets auf der Suche nach den Potentialen der menschlichen Zukunft, tauchen wir in diesem Kapitel in den kulturellen Kontext von Jägern und SammlerInnen ein. In einer Welt, in der *WEIRD societies* die politische sowie wirtschaftliche Oberhand haben, sind Gemeinschaften wie die der Jäger und SammlerInnen in Diskursen meist unsichtbar. Viel zu selten werden Einblicke in das kulturelle Setting dieser Gesellschaften miteinbezogen, wenn es um die große Frage „Wer sind wir?" geht. Dies führt dazu, dass Phänomene meist aus der systematischen Logik von *WEIRD societies* heraus beschrieben und erklärt werden. In diesem Kapitel helfen Erkenntnisse aus Forschungen mit der San Community sowie anderen Jäger-SammlerInnen-Gesellschaften dabei, gewisse festgefahrene Annahmen durch Gegenbeispiele zu widerlegen.[19]

Denn die einzige Möglichkeit, die uns im Hinblick auf die Zukunft gegeben ist, ist es, einander zu vertrauen. Und damit das möglich wird, müssen wir zuallererst universelle Annahmen darüber, wer wir sind und wie wir Menschen „funktionieren", überprüfen und gegebenenfalls anpassen. Die gesellschaftsvergleichende Forschung kann uns dabei helfen. Und ja, dafür müssen wir unsere Komfortzone verlassen. In diesem Kapitel tun wir das, indem wir Zeiteinteilung neu denken, die gewaltbereite Natur des Menschen auf den Prüfstand stellen, das Konzept von Eigentum grundlegend hinterfragen und uns auf eine ganz pragmatische Weise mit der Idee von Naturverbundenheit auseinandersetzen.

---

19 In die Analysen fließen auch Inhalte aus Interviews mit renommierten Jäger-SammlerInnen-ForscherInnen mit ein. Darunter der Anthropologe Robert Hitchcock, die Anthropologin Jennifer Hays sowie der Linguisten Daniel Everett und der Trackingexperte Louis Liebenberg.

Auch wenn wir in der Gegenwart die unterschiedlichsten Spuren hinterlassen, gehen wir letztlich alle denselben Weg entlang.

Spuren der Zeit

Zeit hat in *WEIRD societies* eine Macht entwickelt, die unser Leben stark beeinflusst. Sie und unsere mit ihr zusammenhängenden Vorstellungen haben Einfluss darauf, wie wir uns fühlen und verhalten. So macht sie uns teilweise Angst. Wir haben oft das Gefühl, zu wenig von ihr zu haben. Sie löst Stress aus und setzt uns unter Druck. Im Stau am Weg zu einem Termin, bei der Schulabschlussfeier unserer Kinder oder kurz vor der eigenen Pensionierung – Zeit spielt eine große Rolle in unserem Alltag. Und als wäre das nicht schon genug, müssen wir immer wieder feststellen, dass Zeit gnadenlos ist und letztendlich keine Rücksicht auf uns nimmt.

Doch sie hat auch ihre guten Seiten. Zeit gibt uns Struktur und hilft uns dabei, unseren Alltag zu planen. Mit ihrer Hilfe können wir Termine vereinbaren, Geburtstagsfeste feiern oder Vorfreude empfinden. Zeit kann außerdem anspornen. Oftmals heilt sie sogar Wunden.

Im Hinblick auf unser Leben ist sie endlich. Zeit hat einen Anfang und ein Ende. Und dazwischen teilt sie unsere Jahre in Lebensphasen ein. Sie teilt uns mit, dass wir uns vom Kind zum Jugendlichen und schließlich hin zum erwachsenen Menschen entwickeln.

Eine heimtückische Fähigkeit von Zeit liegt darin, dass sie uns regelrecht dazu zwingt, unser Tun zu bewerten. Denn Zeit kann schließlich genützt oder vergeudet werden, glauben wir. So entsteht zum Beispiel die Vorstellung, dass man sich mit 38 Jahren schon lange nicht mehr wie ein Kind verhalten sollte oder dass man ab 65 reif für die Rente ist.

ZEIT IST KULTUR

2017 war ich Teil eines Projektes der Universität Köln mit dem Titel „Tracking in Caves". ArchäologInnen hatten prähistorische menschliche Fußabdrücke in unterschiedlichen Höhlen Europas entdeckt und sich zum Ziel gesetzt, diese zehntausende Jahre alten Spuren zu identifizieren. Wer waren diese Menschen? Wie alt waren sie? Waren es Frauen, Männer, Kinder? Was haben sie gemacht, als diese Spuren entstanden? Um diese Fragen zu klären, luden die Archäologen internationale Tracking-ExpertInnen sowie indigene TrackerInnen aus verschiedenen Teilen der Welt ein. Darunter VertreterInnen der San, der Aborigine und der Inuit Communities. Wie sich herausstellte, war es für sie ein Leichtes, die Spuren in den Höhlen zu lesen. Ich selbst wurde als anthropologische Beraterin konsultiert. Bei einer dreitägigen Konferenz im Rahmen dieses Projektes stand ein Besuch im Neanderthal Museum auf dem Programm. Es ergab sich eine Situation, in der mir bewusst wurde, wie sehr das Konzept Zeit ein kulturell bedingtes ist.

Während unserer Führung im Neanderthal Museum stand ich gemeinsam mit einem der San Tracker vor einer Neanderthal-Jäger-Attrappe. Der Mensch aus Wachs vor uns hielt einen Speer in den Händen, war mit einem Lederschurz bekleidet und blickte nachdenklich in die Ferne. Obwohl der Blick in die Vergangenheit schon immer eine große Faszination für mich hatte, kam ich mir damit in diesem Moment plötzlich sehr albern vor. Was dachte sich /Ui, der San-Tracker neben mir, wohl gerade? Warum interessieren wir uns hier in Europa so brennend für unsere Vergangenheit und generieren so eine Aufregung um Spuren von Menschen, die gar nicht mehr existieren? Außerdem stellte ich mir die Frage, wie der Übersetzter die Inhalte der Führung vermitteln würde, wissend, dass die Sprache der San nicht über fünf

Zahlwörter hinausgeht. Die Ju/'hoansi drücken sprachlich lediglich die Zahlen eins bis fünf aus. Alles, was darüber hinausgeht, fällt unter den Begriff „viele". So ist das auch in anderen Jäger-SammlerInnen-Sprachen, in manchen zählt man sogar nur bis drei. Wie also ausdrücken, dass diese Knochenfunde des Neandertalers mehr als 130.000 Jahre alt sind? Die Sprache der Ju/'hoansi beinhaltet nämlich keine grammatikalische Vergangenheit. Auch das ist ein Charakteristikum für Jäger-SammlerInnen-Sprachen an sich. Dasselbe gilt für grammatikalische Zukunftsformen. Kulturell betrachtet leben Jäger und SammlerInnen im Hier und Jetzt. Die ferne Vergangenheit und Zukunft haben keine Relevanz. Es ist also grammatikalisch auch unmöglich, über Ereignisse zu berichten, die sich vor zehntausenden von Jahren abgespielt haben könnten. Passend dazu fiel mir in diesem Moment eine Geschichte des amerikanischen Linguisten Daniel Everett ein, die er mir ein Jahr zuvor erzählt hatte.

Sie ereignete sich vor mehr als 40 Jahren, als er damals in das brasilianische Amazonasgebiet reiste, um mit Jägern und SammlerInnen vor Ort Kontakt aufzunehmen. Sein Ziel war es, die Sprache der Piraha, so der Name der Jäger-SammlerInnen-Gruppe, zu erlernen, um die Bibel in ihre Muttersprache zu übersetzen. Es war seine Mission, diese Menschen vom christlichen Glauben zu überzeugen. Nach einiger Zeit stellten die Piraha Everett jedoch eine schwierige und folgenschwere Frage: „Wer ist dieser Jesus eigentlich?" Als junger Missionar erwiderte er: „Nun, Jesus von Nazareth war der Sohn Gottes, er brachte Erlösung für die Menschen!" – „Und kennst du diesen Jesus?" – „Nein, ich kenne ihn nicht persönlich. Er hat vor vielen, vielen Jahren gelebt." Everett versuchte damals, um Worte ringend, eine lange Zeitspanne zu beschreiben. Es fiel ihm schwer, denn auch die Piraha drücken in ihrer Sprache lediglich die Zahlwörter eins, zwei, drei und viele aus. „Kennt dein Vater Jesus?", fragten sie weiter.

„Nein, auch er kennt ihn nicht, denn er hat bereits vor vielen, vielen Jahren gelebt." – „Hm, und kennst du jemand, der Jesus kennt?" – „Nein, ich kenne niemanden, der ihn persönlich kennt, denn es ist sehr lange her, dass Jesus gelebt hat." Die Piraha entgegneten eine letzte niederschmetternde Frage. „Also, wenn du diesen Jesus nicht kennst, dein Vater ihn nicht kennt und du niemand sonst kennst, der ihn kennt – warum sollten wir dir dann glauben?"

Daniel Everett, der letztendlich als Atheist nach Amerika zurückgekehrt war, lernte während seiner linguistischen Forschungen von den Menschen im Amazonas, wie stark die Unmittelbarkeit des Erlebens in ihrer Kultur verankert ist. Wissen erfordert Belege und somit Berichte von Augenzeugen. Er fand aber heraus, dass es in der Sprache der Piraha Suffixe (Anhänge an ein Verb) gibt, die anzeigen, ob es sich bei einer Geschichte um gerade Erlebtes oder aber um Weitererzähltes handelt. Damit soll angezeigt werden, ob von etwas die Rede ist, das kontrolliert werden kann oder das außerhalb der eigenen Kontrolle liegt. Eine langfristige Auseinandersetzung mit Themen, die nicht subjektiv erlebt wurden, ist den Piraha fremd und erscheint ihnen auch nicht notwendig.

Zurück im Museum stellte sich mir also die Frage, was sich wohl gerade in /Uis Kopf abspielte. Fragte er sich etwa, wer dieser Neanderthaler war und wer von den hier Anwesenden ihn kannte?

EIN ANDERER UMGANG MIT ZEIT FÜHRT ZU EINER ANDEREN ART ZU DENKEN

Meine Forschungsreisen, bei denen ich die Lebenswelt der San in der Kalahari kennenlernen durfte, verdeutlichten mir, wie stark ich und die anderen KonferenzteilnehmerInnen in der Vergangenheit und Zukunft leben. Durch diesen Szenenwechsel wurde mir immer wieder bewusst, wie kulturspezifische Konzepte von Zeit die Art zu denken prägen und gleichzeitig das Alltagsleben gestalten.

„N//kao[20], Betty" war die Floskel, mit der mich in der Kalahari viele jeden Morgen begrüßten. Schnell bemerkte ich, dass sich die Individuen untereinander nicht so begrüßten. Als die Menschen bemerkten, dass mir ein „Good morning!" anscheinend sehr wichtig war, da ich es jeden Morgen aussprach, kreierten sie wohl einen Gruß für mich in ihrer Sprache. Die Ju/'hoansi untereinander verwenden nämlich keine Grußworte. Hallo, guten Morgen, gute Nacht, all diese mir so geläufigen Floskeln kommen nicht vor. Auch das bestätigen meine KollegInnen von Sprachen anderer Jäger und SammlerInnen. Warum? In einer Gesellschaft, in der sich die Menschen ständig sehen, macht es schlichtweg keinen Sinn, sich jeden Tag aufs Neue zu begrüßen oder zu verabschieden. Man ist aneinandergebunden und verbringt ohnehin den ganzen Tag, die ganze Woche, das ganze Leben miteinander. Wozu also ein „Bis morgen!"? Was meine Grußformel nun wirklich bedeutet, das weiß ich bis heute nicht. Ich werde versuchen, es bei meinem nächsten Aufenthalt rauszufinden...

Ein anderes Thema, das den Alltag in der Kalahari von meinem stark unterscheidet, ist Planung. In der Gesellschaft, in der ich groß geworden bin, planen wir unseren Alltag, ja eigentlich unser gesamtes Leben so akribisch wie möglich. Für viele läutet der Wecker den Tag zu einer ganz bestimmten Uhrzeit ein. Der Vormittag ist durchgetaktet mit Terminen und ToDo-Listen und endet mit einer Verabredung zum Mittagessen um Punkt 12 Uhr. Nach dem offiziellen Arbeitsschluss werden Kinder von der Schule abgeholt, um zum Tanzunterricht gebracht zu werden, oder ein Besuch beim Zahnarzt steht an. Die Woche ist verplant

---

20 sprich: *Nkchao*

und vergeht schnell wie im Flug. Unsere Freizeit (spannend auch, dass wir Freizeit- und Arbeitszeit trennen – es mag nicht überraschen, dass es diese Idee in Jäger-SammlerInnen-Gesellschaften nicht gibt), sei ebenfalls wohl durchdacht. Urlaube müssen am Jahresanfang geplant werden, um nicht mit den freien Zeiten der KollegInnen zu kollidieren. Und wer kann sich an das letzte Wochenende (vor der Pandemie) erinnern, an dem er oder sie nichts vorhatte? Es ist immer wieder ein Spagat, das soziale, berufliche und private Leben so zu planen, dass alles funktioniert und man alles unter einen Hut bekommt. Zeit ist meistens knapp, und Dinge, die außerplanmäßig passieren, bringen viele von uns regelmäßig aus dem Konzept. Planlosigkeit ist nicht unser Ding. Nun, wie ist das bei den Ju/'hoan San?

Im Rahmen des Cyber-Tracker-Projektes arbeiten wir mit Trackern zusammen, von deren Expertise wir in konkreten Zeiträumen abhängig sind. Forschungsgelder und -reisen sind penibel geplant und kalkuliert. Vereinbart man ein Treffen mit den Trackern vor Ort, birgt dies jedes Mal einen Überraschungseffekt: Erscheint die Person tatsächlich – oder nicht? Armbanduhren gibt es nicht. Nur einige wenige Individuen besitzen ein Smartphone. Verabredet man sich zu einem Treffen, ist das mehr eine *Zeitraum*-Verabredung als eine *Zeitpunkt*-Verabredung. Natürlich ist es den Trackern bewusst, dass Zeit ein sehr wichtiges Thema für die Menschen außerhalb ihrer eigenen Community ist. Aber in ihrem Alltag macht Pünktlichkeit dennoch keinen Sinn. Darauf müssen wir uns einstellen, wenn wir mit der Community arbeiten. Die Idee, eine Verabredung um Punkt 15 Uhr einzuhalten (oder eben nicht), entspricht nicht ihrer Art zu denken. Gleichzeitig ist die Idee von Warten nicht mit der Idee verbunden, Zeit zu verlieren. Aber nicht nur bei Verabredungen spielt die zeitliche Planung keine Rolle, sondern beispielsweise auch dann nicht, wenn es um die Versorgung geht. Es wird nicht im Voraus geplant, wann was gegessen wird. Gegessen wird stattdessen dann, wenn man Essen sammelt beziehungsweise es zu einer erfolgreichen Jagd kommt. Ersteres kann man ständig machen. Da man draußen lebt, ist man sozusagen umgeben von Nahrung. Zweiteres stellt sich als schwieriger dar. Fleisch wird dann gegessen, wenn ein Tier erlegt wurde. Wann und wie oft das passiert, kann nicht geplant werden, sondern hängt von vielen unterschiedlichen Faktoren ab. Die Entscheidung, auf die Jagd zu gehen, hängt viel mehr vom Wetter oder der Tageszeit ab als davon, ob die Jäger Zeit haben oder nicht. Pflanzen und auch Fleisch werden in jedem Fall immer direkt verzehrt. In nomadischen Jäger-SammlerInnen-Gesellschaften werden Lebensmittel nicht gehortet. Gegessen wird, was an die Feuerstelle kommt.

Ganz allgemein konnte ich beobachten, dass die Idee, Zeit sinnvoll zu nutzen eine sehr kulturspezifische ist. Abgesehen davon, dass die durchschnittliche Arbeitszeit bei den Ju/'hoansi 15 Stunden pro Woche beträgt und es keine feststehenden Termine gibt, wird die eigene Zeit nicht an Produktivität gehaftet. Zeit ist nicht, Geld und Pausen sind nicht unproduktiv. Ohne viel Planung in den Tag hineinzuleben ist der Normalfall. Für mich war es zu Beginn nicht immer leicht, diese Situation so anzunehmen. Ich merkte, wie ich „verlernen" musste, die Zeit möglichst effizient nutzen zu wollen. Einfach nur herumzusitzen, machte mich mehr unruhig als entspannter. Wir könnten doch jagen gehen, wir könnten eine neue Hütte bauen, wir könnten … dachte ich mir, wenn wir an den Nachmittagen eigentlich nur darauf warteten, dass die Hitze abnimmt. Diese Momente kommen nie wieder, ich muss sie nützen, war mein Gedanke. Im Lauf der Zeit verstand ich immer mehr, dass mein Konzept von Zeit ein anderes war. Nicht besser oder schlechter, schlichtweg anders. Die Ju/'hoansi leben im Rhythmus mit dem natürlichen Umfeld, das sie umgibt, mit ihrem Körper, mit ihrem Leben. Spontanität und

Flexibilität ist in ihrem Alltag der Normalfall. Ein Zustand, der in meinem Leben Seltenheitswert besitzt. Denn ich lebe im Takt einer industrialisierten Gesellschaft.

LEBENSZEIT

Das vom natürlichen Rhythmus geprägte Leben der Jäger und SammlerInnen wird kombiniert mit einer Vorstellung von Zeit, als eine Ansammlung von konzentrischen Kreisen. Das wiederum wirkt sich auf die Wahrnehmung von Zeiträumen aus. Das Leben wird in Jäger-SammlerInnen-Gesellschaften meist nicht in Abschnitte wie Kindheit, Jugend und Erwachsenenalter eingeteilt. Abgesehen davon, dass ein Kind, das in einem derartigen kulturellen Setting aufwächst, schon mit vier bis fünf Jahren autonom ist, hat Kindheit keinen Anfang und kein Ende. Konzepte wie Volljährigkeit ergeben dementsprechend in diesem Setting keinen Sinn. Ein Kind ist ein Mensch, der noch nicht alles selbst machen kann. Nicht mehr und nicht weniger. Die Entwicklungsschritte, die das Kind beziehungsweise der Mensch durchmacht, sind kein Stufenmodell, sondern Teil eines Kreislaufes. Man hat beobachtet, dass vier- bis fünfjährige Kinder in Jäger-SammlerInnen-Gesellschaften die wichtigsten Fähigkeiten des gesellschaftlichen Lebens schon selbst beherrschen. Sie können Feuer machen, finden Pflanzennahrung und können sich kleine Schlafplätze zurechtlegen. Kinder sind autonome Wesen. Eltern oder Erwachsene entscheiden nicht für Kinder oder über sie hinweg. Vielmehr treffen Kinder kleine und große Entscheidungen für ihr Leben selbst.

Die Anthropologin Jennifer Hays hat in diesem Zusammenhang Studien über Schulkinder bei verschiedenen Gruppen der San Jäger und SammlerInnen in Namibia durchgeführt. Sie berichtet, dass Kinder vor Ort selbst entscheiden, ob sie zur Schule gehen möchten oder nicht. Diese Entscheidung wird in keiner

Weise von den Eltern beeinflusst. Es herrscht die Vorstellung: Wenn das Kind nicht in die Schule gehen möchte, dann möchte es eben nicht. Seine Autonomie steht an oberster Stelle. Innerhalb ihrer Forschungen in den letzten 20 Jahren hat sich diese Praxis, so die Anthropologin, nicht verändert.

Ohne Zweifel wissen die Menschen in Jäger-SammlerInnen-Gesellschaften darüber Bescheid, dass unterschiedliche Lebensphasen unterschiedliche mentale und physische Fähigkeiten mit sich bringen. Es ist klar, dass man von Kleinkindern in manchen Situationen noch nicht verlangen kann zu wissen, was richtig oder falsch ist. Ebenso wie man weiß, dass das Verhalten von Teenagern von gewissen hormonellen Veränderungen beeinflusst werden kann. Man ist sich den Phasen des Körpers, die er durchlebt, durchaus bewusst. Dennoch hat die Kategorisierung und Einteilung in Lebensphasen keine Relevanz.

Die Kategorisierung von Lebensphasen ist in westlichen Gesellschaften hingegen von großer Relevanz. Vor allem ist sie meist an Institutionen gebunden und hat Auswirkungen auf die Möglichkeiten und den Handlungsrahmen einer Person. Um in den Kindergarten zu gehen, muss man ein minimales Alter erreicht haben, und spätestens mit sieben Jahren ist man schulreif. Nach den Pflichtschuljahren gilt man als jugendliche Person, die in einen Beruf einsteigen darf. Diese Abschnitte sind gesetzlich geregelt. Mit 18 Jahren ist man, zur Freude vieler Jugendlicher, endlich volljährig und genießt mehr Freiheiten im gesellschaftlichen Leben. Nach einem großen Sprung wird einem diese Freiheit wieder genommen. Im hohen Alter von 60 bis 65 Jahren wird entschieden, man sei nicht mehr arbeitsfähig. Man erhält automatisch eine neue Rolle in der Gesellschaft und neue Regeln und Gesetze werden einem zuteil. All das wäre in Jäger-SammlerInnen-Gesellschaften in der Form gar nicht möglich, denn man definiert keine Geburtstage und damit auch kein Alter. Die eigene Altersklasse ist viel weniger an spezifische Aufgaben, Rechte und Regeln geknüpft.

Was wir hier sehen ist, dass Kultur Zeit schafft. Einen natürlichen, ursprünglichen Umgang mit Zeit gibt es nicht. Zeit ist immer gebunden an das System, in dem die Menschen leben. Zeiteinteilung, Zeitwahrnehmung ist abhängig vom kulturellen Kontext. Was aber passiert, wenn diese zwei so unterschiedlichen Systeme aufeinandertreffen? Was passiert, wenn für die Ausverhandlung von Interessen Zeit in das jeweilig andere System übersetzt werden muss?

DOMINANTE ZEITEN IM RECHTSSYSTEM

„The concept of time is a complicated one and it is very much a part of the current debate about rights.“ Robert Hitchcock

Wie kann Kommunikation funktionieren, wenn Gesprächspartner ein völlig anderes Verständnis von Zeit mitbringen? Im Falle der Landrecht-Debatten in Namibia erkennt man, dass unsere Welt nicht immer darauf ausgelegt ist, dass Menschen Zeit kulturell unterschiedlich leben.

In den 1970er Jahren verloren die Ju/'hoansi 70 Prozent ihres Jagdreviers. Anfang der 1980er Jahre war die Community mit weitreichender Armut, Hunger und Alkoholismus konfrontiert. Aus dieser Vulnerabilität ergab sich, dass viele Männer von der South African Defence Forth rekrutiert wurden, um in Geheimdienst-Units gegen die South West Africa Peoples Organization (SWAPO) zu kämpfen. Konflikte, Überpopulation und Armut verleiteten Teile der Community dazu, wieder zurück in die offene Kalahari zu gehen, um im Sinne einer *mixed economy*, einer Kombination aus Jagen, Sammeln und Viehzucht, neue Wurzeln zu schlagen.

Die Situation verbesserte sich beträchtlich mit dem Jahr 1990, als Namibia unabhängig wurde. Vor allem dadurch, dass die Regierung stillschweigend das traditionelle n!ore System der Ju/'hoan San anerkannte. Der nächste Schritt für die Community war, die legale Kontrolle über ihren Lebensraum zu erlangen, um sich vor Eingriffen und Beanspruchungen von umliegenden Bauern sowie Tourismusbetrieben zu schützen. 1998 erhielten die Ju/'hoan San die Landrechte für ein Gebiet von 9.000 km² und die Management-Funktion der natürlichen Ressourcen in diesem Gebiet. Dieses Conservancy besteht nun seit mehr als 20 Jahren, und diese Zeit ist gekennzeichnet von Konflikten, Errungenschaften, Rückschritten und Fortschritt. Im Fokus liegt stets die wirtschaftliche Entwicklung der Region, angepasst an die ökologischen sowie sozialen und kulturellen Bedingungen. Ein komplexes Unterfangen, um das herum sich immer wieder Rechtsfälle ergeben. Ein Faktor, der deren Klärung immer wieder erschwert, ist der kulturspezifische Umgang mit Zeit. Viele Aspekte der Landrecht-Debatten lassen sich klarerweise schwer lösen, da in erster Linie von staatlicher als auch Community-Seite unterschiedliche Interessen aufeinanderstoßen. Dennoch, so betont Robert Hitchcock, Anthropologie-Professor an der Universität New Mexico, dass der „Zeitunterschied" die Debatten deutlich erschwert.

Die San werden von außerhalb immer wieder gefragt: Erinnert ihr euch daran, als X oder Y passiert ist – Fragen, die oft sehr wichtig wären, um Rechtsfälle zu klären. Aus kultureller Gegebenheit gehen Überlieferungen von Ereignissen jedoch meist nicht so weit zurück, als dass sie diese Fragen beantworten könnten. Hitchcock betont, dass die Menschen sich vielleicht an die Namen ihrer Großeltern erinnern, jedoch nicht an die Namen ihrer Urgroßeltern oder an einen Stammbaum, der noch weiter zurückführt. Daraus ergibt sich, dass AnthropologInnen viel

Energie darauf verwenden, herauszufinden, wo die Menschen früher gelebt haben und auch, von wo sie vertrieben wurden. Auch wenn der Unterschied in den Konzepten von Zeit offensichtlich nicht das einzige Problem in dieser komplexen Thematik ist, sondern eines von mehreren, kann es ein Beispiel dafür sein, wie wichtig es ist, kulturelle Diversität in ihrer Tiefe anzuerkennen. Gleichzeitig wird an diesem Beispiel deutlich, wie wichtig die Arbeit von Kultur- und SozialanthropologInnen als Kultur-ÜbersetzerInnen sein kann.

Das Knappheits-Paradigma

„Das Knappheits-Paradigma zeichnet ein wenig erfreuliches Bild von unserer Spezies. Es will uns lehren, die Evolution habe uns zu selbstsüchtigen Geschöpfen gemacht, verdammt dazu, für immer Geiseln unerfüllbarer Bedürfnisse zu bleiben." James Suzman[XXII]

Wenn in der klassischen Volkswirtschaft vom „ökonomischen Problem" oder auch vom „Knappheitsproblem" die Rede ist, dann werden KulturanthropologInnen hellhörig, denn sie wissen, das Knappheits-Paradigma muss revidiert werden. Es besagt: Wir wollen immer mehr, und da auf unserem Planeten nicht genug Ressourcen für alle da sind, um allen alle Wünsche zu erfüllen, herrscht eine immerwährende Knappheit. „Die Vorstellung, unsere Bedürfnisse seien unbegrenzt, unsere Ressourcen jedoch allesamt begrenzt", so der Anthropologie James Suzman, „residiert nah am pochenden Herzen der ‚Wirtschaftslehre', definiert als die Lehre von der Art und Weise, wie Menschen mit knappen Ressourcen haushalten, in dem Bestreben, die eigenen Bedürfnisse und Wünsche zu erfüllen." Wie aber ist innerhalb dieses Paradigmas die Tatsache einzuordnen, dass in Jäger-SammlerInnen-Gesellschaften Eigentum de facto nicht existent ist, das Prinzip des Teilens der Normalfall ist und dass Überfluss nicht in Verbindung mit Reichtum und Prestige gebracht wird?

TEILEN UND SOFORT VERBRAUCHEN

Ein Wort für „Danke" gibt es bei den Ju/'hoansi nicht. Es gibt, wie auch für Begrüßungen, ein „Hilfs-Wort", *mi wi a*, was so viel bedeutet wie *Ich helfe dir.* Bedankt wird sich in Jäger-SammlerInnen-Gesellschaften nur von Außenstehenden, denn sie kommen mit ihrem eigenen Konzept von Besitztum in die Kalahari. Etwas, das ihnen nicht gehört, sie aber ausleihen dürfen oder sogar geschenkt bekommen, nehmen sie *dankend* an. Die Ju/'hoansi hingegen besitzen wenig, das ihnen gehört. Mit Ausnahmen wie etwa dem eigenen Bogen, dem dazugehörigen Köcher oder dem Tragetuch für die Kinder, wird in dieser Community so ziemlich alles geteilt. Das lernte ich schnell, als ich bei meiner ersten Ankunft Tabak als Gastgeschenk mitbrachte. Von meinen KollegInnen wusste ich, dass Tabak vor Ort eine kostbare Ware ist, da ständig geraucht wird. Ich überreichte mein Geschenk gleich zu Beginn einem der Jäger, mit dem ich in den nächsten Wochen zusammenarbeiten würde. Was passierte, öffnete mir die Augen. Der Tabak wurde sofort unter allen Anwesenden aufgeteilt, Frauen, Männer, Jugendlichen. Abgesehen davon, dass er von allen freudig entgegengenommen wurde, wurde der gesamte Tabak auch noch am selben Tag verbraucht. Von da an wurde ich jeden Tag von unterschiedlichen Menschen mehrmals gefragt, ob ich noch Tabak hätte. (Ich lernte damals auch meinen ersten richtigen Satz auf Ju/'hoansi: „Mi twa t/li schoro", „Ich rauche nicht", wodurch ich symbolisieren wollte, dass ich keinen Tabak mehr habe.) So begann ich damals zu begreifen, dass Eigentum ein weiteres Konzept war, das ich im Rahmen dieser Forschungen überdenken würde.

Heute erkenne ich zwei zentrale kulturspezifische Mechanismen in dieser Geschichte: das Teil-Prinzip sowie die Immediate-Return-Ökonomie. Anstatt zu besitzen, wird geteilt. Damit sicher war, dass ich nicht mehr Tabak besitze als alle anderen, wurde ich jeden Tag aufs Neue danach gefragt. *Demand-sharing* ist der Begriff, der in der Wissenschaft dafür verwendet wird, also Teilen auf Nachfrage. In der Immediate-Return-Ökonomie werden Ressourcen, die Einkehr in die Community finden, außerdem direkt verbraucht.

Die Forschungen des Anthropologen James Woodburn, eines der Pioniere in der anthropologischen Jäger-SammlerInnen-Forschung, bestätigen meine Beobachtungen. Im Rahmen seiner jahrzehntelangen Forschungen mit den Hadza Jäger und SammlerInnen im westafrikanischen Tansania fand er heraus, dass das Wirtschaftssystem dieser Gesellschaft ein, so nennt er es, „immediate-return-system", ist.[XXIV] Die Hadza verwerten jedes konsumierbare Gut direkt. Lebensmittel werden nicht gehortet, sondern direkt unter allen Gruppenmitgliedern verteilt und konsumiert. Gleichzeitig prägt er den Begriff „demand-sharing", ein Grundsatz, der besagt, dass man, sobald man nach etwas gefragt wird, mit anderen zu teilen hat. Ein Nein ist keine Option.

Das lernte ich aufs Neue, als die Mutter der Familie, an deren Lagerfeuer ich wohnte, mich während meinem Aufenthalt immer und immer wieder fragte, ob sie mein Taschenmesser haben könnte. Nisa, so ihr Name, gab mir zu verstehen, dass demand-sharing bedeutet, immer dann zu teilen, wenn man nach etwas gefragt wird. Aus Angst, mein Messer nicht wieder zu bekommen, gab ich es sehr ungern an andere Personen weiter. Das kam, wenig überraschend, nicht sehr gut an.

Wie systematisches Teilen abläuft, habe ich bei den Ju/'hoansi miterlebt. Erlegt eine Gruppe von Jägern ein großes Wild, so wird das Fleisch in der gesamten Gruppe verteilt. Eine erste Portion, meist die Leber[21], *the hunter's share,* wird direkt am Tatort am Feuer gegrillt und gegessen. Der Großteil des Fleisches geht danach an die Familien. Dabei entscheiden nicht die Jäger über die Fleischportionen und überwachen diese auch nicht, die Menschen nehmen sich ihren Anteil ganz einfach selbst. Die Jäger haben keinen Besitzanspruch auf das erlegte Wild.

---

21 Die Leber ist der Teil, der am schnellsten verdirbt.

Dann wird das Fleisch zubereitet. Sobald eine Person oder Familie den eigenen Teil konsumiert hat, müssen jene, die noch etwas übrighaben, weiter teilen. Das führt dazu, dass teilweise sehr große Mengen an Fleisch gegessen werden, und das auch ziemlich schnell.

TEILEN IST POLITISCH ZENTRAL

Durch die Verteilungsprozesse innerhalb einer Sharing Economy wird die Entwicklung einer Ungleichheit von Macht, Reichtum und Status gehemmt. Die Menschen in Jäger-SammlerInnen-Gesellschaften kennen die Gefahr von Abhängigkeit und Unterordnung. Die Wirtschaftsform des Teilens macht sie weitestgehend frei von diesen gesellschaftlichen Phänomenen. Man entzieht sich so systematisch Situationen, in denen man sich von anderen unterscheiden oder in denen man andere durch die Anhäufung von Eigentum von sich abhängig machen könnte.

Die allgemeine Verpflichtung, alles und ständig zu teilen und der unerbittliche Druck, dieser Verpflichtung gerecht zu werden, drosselt außerdem die Produktion. James Woodburn geht davon aus, dass bei den Hadza mehr Individuen jagen würden und mehr Gebrauchsgegenstände herstellen würden, wären sie nicht zum Teilen verpflichtet.

Im Hinblick auf den Aufbau der Gesellschaft hat Besitztum in Jäger-SammlerInnen-Gesellschaften also ebenso eine strukturgebende Wirkung, jedoch in eine völlig andere Richtung als in *WEIRD societies*. Das Ausbleiben von Besitztum bremst in diesem Fall die Überflussproduktion.

Besitz in diesen Gesellschaften kann also nicht mit Prestige in Zusammenhang gebracht werden und symbolisiert ebenso wenig Macht. Besitztum hat kulturell betrachtet einen völlig anderen Stellenwert.

Er beschwert, macht unflexibel und wird sozial und kulturell sogar abwertend betrachtet.

Jäger und SammlerInnen streben also nicht nach mehr, und Gegenstände werden erst dann neu hergestellt, wenn sie wirklich gebraucht werden.

TEILEN NERVT

Obwohl die Situationen an sich friedlich und nicht kompetitiv ablaufen, kann man sich vorstellen, dass dennoch nicht immer alles gern geteilt wird. Ich erinnere mich, dass ein Jäger in der Kalahari mir eines Tages sein Leid geklagt hat. Er sei genervt davon, ständig immer alles teilen zu müssen, erklärte er mir. Er würde manchmal Tabak auch gerne für sich behalten, etwas davon aufbewahren. Aber das sei in seiner Kultur eben anders vorgesehen. Manchmal, so der Jäger, sei ihm seine eigene Kultur deswegen lästig. Strategien sind in diesem Fall, wie andernorts auch, Verschweigen oder Lügen. So bleibt ein Teil des Tabaks dann vielleicht doch einmal in der eigenen Tasche.

Zwei Dinge wurden für mich durch diese Geschichte und die ehrlichen Worte des Jägers deutlich: Zum einen gibt es in jeder Gesellschaft Menschen, die sich mit dem System, in das sie hineingeboren werden, auseinandersetzen und es analysieren. Viele Menschen denken nie darüber nach, warum sie eigentlich tun, was sie tun. Dieser Jäger war aber einer derer, die das System hinterfragen, in dem sie leben. Und zum anderen betont diese Geschichte die Tatsache, dass gesellschaftliche Praktiken und Strukturen nicht natürlich, sondern kulturell bedingt sind. Wäre der Jäger in einem europäischen Land geboren, hätte er vielleicht genauso stangenweise Zigaretten über den Zoll geschmuggelt wie viele andere. Er hätte sie gehortet. Die Sharing Economy in Jäger-und-SammlerInnen-Gesellschaften ist ebenso eine kulturelle Praxis wie Handel oder Geldwirtschaft in anders organisierten Gesellschaften. Nichts ist naturgegeben, Bedingungen und Regelwerke sind kulturell beschaffen.

So sind auch Eigenschaften wie Genügsamkeit oder das Streben nach Mehr keine *natürlichen* Eigenschaften. Vielmehr sind sie Produkt einer spezifischen Sozialisierung. Diese eigene Sozialisierung wird oft dann hinterfragt, wenn man mit gegenteiligen Mustern konfrontiert wird. Der Jäger weiß, dass die Sharing Economy außerhalb seiner Gesellschaft nicht die Norm ist. Vielleicht kann dieses Kapitel dabei helfen, uns wieder in Erinnerung zu rufen, dass das Knappheits-Prinzip ebenfalls nicht die Norm ist. Wenn Suzman schreibt, „Das Knappheits-Paradigma zeichnet ein wenig erfreuliches Bild von unserer Spezies. Es will uns lehren, die Evolution habe uns zu selbstsüchtigen Geschöpfen gemacht, verdammt dazu, für immer Geiseln unerfüllbarer Bedürfnisse zu bleiben.", dann wissen wir nun, dass dieses Bild richtiggestellt werden kann. Wir sollten sowohl Knappheit als auch die Idee von unerfüllbaren Bedürfnissen und Selbstsucht als Teil der menschlichen Natur hinterfragen. Knappheit ist immer im Kontext zu sehen. Würden Jäger und SammlerInnen, die von außen betrachtet sehr wenig besitzen, ihr Hab und Gut als knapp bezeichnen? Unerfüllbare Bedürfnisse ergeben sich ebenfalls nicht in jedem kulturellen Kontext und können in dem Sinne nicht universell menschlich sein. Es stellt sich eher die Frage, ob sie nicht eine self-fulfilling prophecy[22] in *WEIRD societies* sind? Für Jäger und SammlerInnen gehen Bedürfnisse nicht ins Unendliche. In *WEIRD societies* sind Bedürfnisse, denken wir an Geld, Besitz, Zeit, nach oben hin offen. Und Selbstsucht? Auch wenn das Teilen manchmal nervt, Selbstsucht als dem Menschen inhärente

---

22 Auf Deutsch: eine selbsterfüllende Prophezeiung – also eine Vorhersage, die ihre Erfüllung selbst bewirkt.

Eigenschaft können wir in beiden Fällen ausschließen, sowohl in Jäger-SammlerInnen-Gesellschaften als auch in WEIRD societies. Der Historiker Rutger Bregman weiß, dass der Mensch im Grunde kein Wesen ist, welches nur auf den eigenen Vorteil bedacht ist. Im Hinblick auf Naturkatastrophen oder Kriege hat er herausgefunden: „Wenn Wissenschaftler solide Forschungen vor Ort anstellen, stellt sich (…) heraus, dass (…) es gerade dann zu einem Aufblühen von gesellschaftsfreundlichen, von altruistischen Verhaltensweisen kommt."[XXV]

Gewaltsames Miteinander?

Eine Diskussion, die am Stammtisch, bei einem Abendessen mit Freunden oder in der Kaffeepause mit KollegInnen immer wieder auftaucht, ist die des Ursprungs von Gewaltbereitschaft. Menschen stellen sich immer wieder die Frage: Sind wir von Natur aus aggressive Wesen oder nicht? Liegt Gewaltbereitschaft in unseren Genen? Die weit verbreitete Meinung lautet: Ja, Menschen hätten eine angeborene Tendenz zu Gewaltbereitschaft, seien aber fähig, ein friedvolles Miteinander zu führen. Diese Annahme hält sich ausgesprochen hartnäckig. Die Kulturanthropologie hat klare Argumente gegen diese Sichtweise und kann aufzeigen, dass Gewaltbereitschaft und kriegerische Auseinandersetzungen nicht in der Natur des Menschen liegen. Sie wurden uns weder von unseren Primaten-Vorfahren noch von unserer steinzeitlichen Jäger-und-Sammler-Vorfahren in die Wiege gelegt. In diesem Kapitel sehen wir uns an, warum biologistische Erklärungsmodelle nicht haltbar sind, wenn wir verstehen wollen, ob der Mensch gewaltbereit ist oder nicht. *Wir und die Affen* haben in diesem Fall nichts gemein. Überdies lernen wir, dass auch die Geschichte unserer Vorfahren neu betrachtet werden sollte. Die „brutale Steinzeit" hat es in der Form wohl nie gegeben. Nehmen wir die Spur auf und machen uns auf die Suche nach unscharfen Argumenten und logischen Denkfehlern.

WIR UND DIE AFFEN

Meist braucht es nicht mehr als ein, zwei Wortmeldungen, bis bei Diskussionen rund um den Menschen auch die Primaten ins Spiel kommen. „Naja, bei Affen ist es ja auch so, dass…" oder „Ich habe gelesen, dass männliche Schimpansen …". Oft wird versucht, menschliche Verhaltensmuster mit Hilfe unserer nächsten

Verwandten in der Tierwelt zu erklären. Maßgeblich verantwortlich für diesen biologischen Bias sind Forschungen wie zum Beispiel jene von Jane Goodall. Jane Goodall ist eine heute weltweit bekannte britische Verhaltensforscherin, die mit ihren Forschungen Geschichte schrieb. Als junge Frau begann sie in den 1960er Jahren, das Verhalten von Schimpansen im Gombe-Stream-Nationalpark in Tansania zu untersuchen. Obwohl sie von der Cambridge Universität entsandt wurde, startete sie damals ohne wissenschaftliche Vorbildung und entwickelte zunächst eigene Methoden, um Daten aufzunehmen und zu analysieren. Die Berühmtheit, die sie und ihre Forschungen erlangten, sollten viele Jahrzehnte später das Bild vom Schimpansen-Verhalten prägen. Da Goodall ihre Forschungssubjekte durch Namensgebung und ihren persönlichen Fokus stark vermenschlichte, wurden ihre Ergebnisse damals wie heute herangezogen, um auch menschliches Verhalten zu erklären. Diese Überschneidungen der Interpretation von menschlichem Verhalten und dem von Schimpansen sind jedoch im Rückblick verwaschen und ungenau.

Goodall beschrieb drei Ereignisse, welche die Gewaltbereitschaft und das Kriegsverhalten der Schimpansen skizzieren sollte. Zum einen beobachtete sie den „Vier-Jahres-Krieg". Ein Krieg, der im Jahr 1974 damit begann, dass sich eine Gruppe von Schimpansen in eine Süd- und eine Nordgruppe aufteilte. Vier Jahre lang beobachtete Jane Goodall das kriegerische Verhalten zwischen diesen beiden Gruppen. Von 1974 bis 1977 drangen Mitglieder der nördlichen Kasakele-Gruppe in das Gebiet der südlichen Kahama-Gruppe ein und töteten ein Männchen nach dem anderen immer dann, wenn sie es allein antrafen.

Der zweite Forschungsfokus lag auf den Jahren 1978 bis 1982 und spielte sich ebenfalls in Gombe ab. Zu dieser Zeit kam die große Kalande-Gruppe aus dem Süden, um nördlich in das Gebiet der Kasakele zu expandieren. Zweitere mieden ängstlich die neuen Eindringlinge. Im Jahr 1982, etwa 60 km südlich von Gombe, in Mahale, nahm nun die Mahale-Gruppe das gesamte Gebiet ein. Alle Männchen aus den K-Gruppen waren verschwunden, bis auf eines. Dies war das dritte große Ereignis, auf dem Jane Goodalls Untersuchungen fußten.

All diese drei Situationen waren geprägt von großer Gewaltbereitschaft, Morden und Krieg zwischen den unterschiedlichen Schimpansengruppen. Das schockierte zunächst. Die Anthropologin Margaret Power hat sich jedoch etwas genauer angesehen, was damals passiert ist, und liefert in ihrem Buch „The Egalitarians – Human and Chimpanzee: An Anthropological View of Social Organization" eine neue Perspektive.[XXVI] Schimpansen, so Power, würden sich in einem Umfeld, in dem sie nicht von Menschen beeinflusst würden, anders verhalten. Obwohl die Arbeit von Jane Goodall in vielen Aspekten herausragend ist, sind ihre wissenschaftlichen Erkenntnisse aus heutiger Sicht nicht mehr haltbar. Denn schnell wurde klar, dass das Verhalten der Tiere eine Reaktion auf äußere Umstände war. Powers Untersuchungen zeigten, dass die künstliche Versorgung mit Nahrung einen drastischen sozialen Umbruch lostrat. Es war also nicht ihre kriegerische Natur, welche die Schimpansen gegeneinander losgehen ließ, sondern der menschliche Eingriff in das gesamte Gefüge. Jane Goodall und ihr Team versorgten die von ihnen beobachteten Gruppen über längere Zeiträume hinweg mit Bananen. Die Aus- und Vergabe von Bananen wurde experimentell immer wieder geändert beziehungsweise angepasst. Was in den Überlieferungen der Forschung nicht vorkommt ist, dass die Gewalt ganz klar mit diesem Verfahren in Zusammenhang stand. Kam es zur Reduktion von Bananen, führte dies zu großer Frustration bei den Schimpansen. Power zeigt in ihren Studien, dass es diese Frustration war, die die Aggression auslöste. Nahrungsknappheit zeigte sich sogar im Gewichtsverlust mancher Gruppen. Folglich erwiesen sich jene Gruppen, die weniger Bananen erhielten, als äußerst feindlich gegenüber den Gruppen, die mehr Bananen bereitgestellt bekamen. Morde und Krieg zwischen Schimpansengruppen war vor Ort und ist auch anderswo immer im Kontext zu betrachten.

Zudem wurden Vorfälle, wie sie von Jane Goodall geschildert werden, nur sehr selten beobachtet. Dennoch haben sie sich in den Köpfen vieler fest verankert. Der Anthropologe Brian Ferguson machte sich auf die Suche nach weiteren Kriegssituationen unter Schimpansen-Gruppen.[XXVII] Er zählte weltweit nur 13 dokumentierte Fälle von Morden innerhalb der letzten 200 Jahre an Aufzeichnungen[23], wobei es sich nicht bei allen dieser Fälle um von Menschen beeinflusste Konflikte handelte. Der Bekanntheitsgrad gewisser Ereignisse und Forschungsergebnisse darf einen nicht täuschen. Nur weil alle Welt diese Ergebnisse kennt, heißt es noch nicht, dass sie eine allumfassende Wahrheit ausdrücken.

Menschlicher Einfluss ist also oft der Schlüssel. Dabei kann es sich auch um mehr handeln als nur um künstliche Nahrungszufuhr. Lebensraum-Verkleinerung, Wilderei, Vergeltung wegen Ernteplünderung, Forschungsarbeiten und Tourismus sind weitere Beispiele für externen Einfluss durch den Menschen. Sie intensivieren den Wettbewerb um Territorium sowie Nahrung und führen zu Epidemien. Verhalten zu verstehen bedeutet, die Reaktion auf sich verändernde Umstände zu erkennen. Krieg zwischen Schimpansen-Gruppen sowie deren Gewaltbereitschaft

---

23 Heute eventuell etwas mehr, da seine Ergebnisse aus dem Jahr 2011 stammen. Aus Kapitel 14 in: R.W. Sussmann, C.R. Cloninger (Hrg.). 2011. Origins of Altruism and Cooperation.

muss immer im historischen Kontext interpretiert und kann nicht isoliert betrachtet werden. Aggressives Verhalten also schlichtweg als angeborene Eigenschaften zu interpretieren, wäre zu einfach gedacht.

Für die letzten Skeptiker: Lebende Primaten, wie Gorillas, Orang-Utans oder Bonobos, sind nicht unsere letzten Vorfahren. Keine der heute lebenden Gattungen stellt unsere gemeinsamen Vorfahren von vor 5 bis 6 Millionen Jahren dar. Und auch, wenn unsere Gene 98% mit jenen von Schimpansen übereinstimmen, heißt das noch lange nicht, dass wir uns deshalb zu 98% gleich verhalten. Genetische Anordnung ist kein Schlüssel für konkrete Verhaltensmuster.

Auch wenn viele Puzzleteile menschlicher Evolution noch fehlen, sind einige bereits klar. Der Anthropologe Brian Ferguson bringt sie auf den Punkt:

„Was den Menschen vom Schimpansen unterscheidet, sind zum einen ein enorm erweiterter Neocortex[24], sowie entsprechende kognitive Fähigkeiten sowie die Fähigkeit zu Sprache und symbolhafter Kommunikation. Diese drastischen Unterschiede bilden die Voraussetzung für Kultur, welche wiederum eine neue Dimension von Anpassung hervortreten ließ. Ein und derselbe menschliche Säugling hat das Potential, ein vorindustrieller Jäger und Sammler zu werden, ein Astronaut, ein Mörder oder ein pazifistischer Mönch. Das zeugt von einer unbeschreiblichen Flexibilität und ist möglich auf Grund der menschlichen Fähigkeit zu

---

24 Der Neocortex ist der multisensorische und motorische Teil der Oberfläche des Großhirns von Säugetieren. Beim Menschen bildet der Neocortex mit rund 90% den Großteil der Großhirnoberfläche (auch Großhirnrinde). Darin befindlich sind die sensorischen Areale (Repräsentationen der Sinneseindrücke), der Motorcortex (zuständig für Bewegungen) und die weiträumigen Assoziationszentren.

Kultur. Denn Kultur ist unsere Natur. Kultur ist es, die uns den spektakulären reproduktiven Erfolg ermöglicht hat. Es ist Kultur, die es uns ermöglicht, auf kooperative Art und Weise gemeinsam mit den unterschiedlichsten Formen von Lebenswelten auf diesem Planeten zurechtzukommen. Es ist Kultur, die uns mit den Mitteln für unser materielles und reproduktives Wohlergehen ausstattet."[25]

Worauf ich hier hinausmöchte, ist die Tatsache, dass biologistische Erklärungen oft schnell herangezogen und schnell auch akzeptiert werden, ohne die einzelnen Argumente zu hinterfragen. Man spricht hier auch von *moderner Biomythologie*. In diesem Zuge werden kulturelle Aspekte sowie äußere Umstände oft übersehen und nur sehr selten überhaupt erwähnt. Auch die Mechanismen der Evolution werden im Alltag oft nicht immer ausreichend mitgedacht.

WIR UND DIE STEINZEITMENSCHEN

Unsere Primaten-Vorfahren haben uns Gewaltbereitschaft also nicht *vererbt*. Es bleibt die Frage, ob unsere steinzeitlichen Vorfahren uns diese Tendenz in die Wiege gelegt haben. Die gängige These lautet hier: Das Leben des Homo sapiens in der Steinzeit war geprägt von einem gewaltsamen Umgang mit seinen Mitmenschen. Die gute Nachricht, so die Annahme, ist, dass wir dazu fähig sind, ein friedvolles Miteinander zu erlernen. Je zivilisierter wir werden, desto harmonischer kann es ablaufen. Dahinter steckt das Bild vom Menschen als triebgesteuertes Wesen, das gebändigt werden kann. Ein bisschen Fortschritt, ein bisschen

---

25 Ferguson, Brian. 2011. Born to live: Challenging Killer Myth - Kapitel 14 in: Sussmann, C.R. Cloninger (Hrg.). 2011. Origins of Altruism and Cooperation.

Erziehung, ein bisschen Bildung, und schon ist der Mensch ein *kultivierterer.* Dieses Menschenbild sitzt tief. Warum es falsch ist und woher es kommt, werden wir in Kapitel vier erfahren. Erst einmal gilt es aufzuklären, dass weder unsere steinzeitlichen Vorfahren noch der Blick auf die Lebensweise moderner Jäger und SammlerInnen uns annehmen lässt, dass der Mensch von Natur aus gewaltbereit wäre.

ARCHÄOLOGISCHE FUNDE

Nehmen für einen Moment an, unsere menschlichen Vorfahren hätten uns eine Neigung zu Krieg und Gewaltbereitschaft vererbt. Das hieße in weiterer Folge, man müsste Spuren kriegerischer Auseinandersetzungen in archäologischen Aufzeichnungen wiederfinden. Auch hier gleich zu Beginn die Auflösung: Dem ist nicht so. Auch wenn es immer wieder WissenschaftlerInnen gibt, die diese These vertreten, gibt es mittlerweile viele Beweise, die vom Gegenteil überzeugen.

Welche steinzeitlichen Funde haben wir heute zur Verfügung, um herauszufinden, ob schon unsere Vorfahren Kriege führten? Da wären Schädelknochen mit Schlag-Frakturen, gebrochene Unterarme, die auf einen abgewehrten Schlag hinweisen, in Knochen steckende Pfeil- oder Speerspitzen und Höhlenmalerei, die Kriegssituationen darstellen. Nun, gibt es diese? Und wenn ja, wo – wie viele – und aus welcher Zeit stammen sie? Die Archäologen Jonathan Haas und Matthew Piscitelli[XXVIII] haben sich auf die Suche nach genau diesen Objekten gemacht. Sie untersuchten weltweit alle archäologischen Funde bis 8000 v. Chr. Und ihre Ergebnisse sind eindeutig. Die geringe Anzahl der oben beschriebenen Funde zeigt, dass kriegerische Auseinandersetzungen in vorgeschichtlichen Zeiten eine absolute Ausnahme waren. Sie untersuchten 2.900 Skelettfunde von mehr als

400 verschiedenen Fundstellen. Lediglich vier Skelette wiesen Spuren von Gewalt auf. Dabei handelt es sich ihrer Analysen zufolge um individuelle Ermordung, nicht um kriegerische Auseinandersetzungen. Analysiert man die Funde nach 8000 v. Chr., kommt es jedoch zu einer drastischen Wende. Warum, was war passiert? Ab dieser Zeitspanne spricht man von der neolithischen Revolution. Eine Zeit, in der der Bevölkerungsdruck überproportional anstieg. Krieg in Jäger-SammlerInnen-Gesellschaften war zuvor äußerst unüblich. Steinzeitliche Wildbeuter waren durch ihren nomadischen Lebensstil sehr flexibel, und obwohl es auch zu gewaltvollen Auseinandersetzungen gekommen sein mag, hatten sie andere Wege, um Konflikte zu lösen. Die Menschen, kleiner in der Anzahl, lebten damals in großräumigen Gebieten. Man spricht hier von einer niedrigen Populationsdichte. Das heißt, wenige Menschen teilten sich ein riesiges Einzugsgebiet. Während der Wettbewerb um Ressourcen sehr gering war, konnte man sich, um Konflikte zu vermeiden, über große Gebiete zerstreuen.

Vor etwa 10.000 bis 15.000 Jahren änderte sich die globale Situation. Der Prozess der flächendeckenden Sesshaftwerdung, der Anbau von Pflanzen, die Domestizierung von Tieren, die Einführung von Besitztum und andere grundlegende kulturelle Veränderungen führten zu einer schnell wachsenden Bevölkerung. Somit stieg der Ressourcendruck zwischen den Gruppen und Konflikte waren vorprogrammiert. Es kam zu einem noch nie dagewesenen Ausmaß an kriegerischen Auseinandersetzungen zwischen Gruppen von Menschen. Beweise für die Auswirkungen von Krieg werden in der Archäologie also erst gängig mit den drastischen Veränderungen durch die neolithische Revolution.

Diese Phase und ihre Auswirkungen auf das soziale Leben in die Analysen miteinzubeziehen, ist grundlegend für das Verständnis von Gewaltbereitschaft zwischen Menschen. Sowohl innerhalb der Wissenschaft als auch in der gesellschaftlichen Debatte ist diese Sichtweise jedoch noch nicht eindeutig verinnerlicht.

Steven Pinker, Professor der Psychologie an der Harvard University, interpretiert die Sachlage anders. Seine These besagt, Gewalt habe im Lauf der Jahrhunderte auf der Welt immer weiter abgenommen. Mit seinen Forschungen sowie mit seinen populärwissenschaftlichen Büchern über die kriegerische Vergangenheit des Menschen prägt er eine breite LeserInnenschaft und hat global gesehen großen Einfluss, wenn es um die Erklärungsmodelle zur gewaltvollen Natur des Menschen geht. In seinem Opus Magnum „Gewalt: eine neue Geschichte der Menschheit" untersucht er die Entwicklung von Gewalt von der Urzeit bis heute und in allen ihren individuellen und kollektiven Formen. Seine These besagt genau das Gegenteil von dem, was Haas und Piscitelli herausgefunden haben. Pinker behauptet, der Mensch hätte ganz klar eine kriegerische Vergangenheit. Er versetzt diese These aber sogleich mit einer guten Nachricht, die besagt, dass er mit der Zeit immer friedvoller wurde und es auch so weitergehen wird. Die oben beschriebenen Erkenntnisse aus der Archäologie werden von ihm auf den Kopf gestellt. Unabhängig davon, welche Vorstellung uns mehr entspricht, welche wir für *besser* halten mögen oder uns wünschen, letztlich entscheidet die Wissenschaft über die Haltbarkeit einer These.

Mit seinem Buch schreibt Pinker eine umfassende Studie von mehr als 800 Seiten, gespeist aus 1100 Referenzen. Trotz der Quantität weist seine Grundidee drei gravierende Fehler auf. Als erstes ignoriert er die neolithische Revolution in seinen Analysen und verzerrt somit das gesamte Bild der Menschheitsgeschichte. Was vor etwa 15.000 Jahren auf diesem Globus passiert ist, veränderte Gesellschaftsstrukturen flächendeckend, was sich wiederum in den archäologischen Daten niederschlägt. Ignoriert man dies, muss man mit Gegenwind rechnen. Steven Pinker wird von Anthropologen wie Richard Lee, Douglas Fry oder Brian Ferguson an dieser Stelle vorgeworfen, er füttere seine eigenen Thesen mit Daten, um sie aussagekräftiger zu machen, ungeachtet der tatsächlichen Datenlage.[XXIX]

Ein zweiter Fehler, der seine Überlegungen ins Wanken geraten lässt, betrifft die Inbezugnahme moderner Jäger-SammlerInnen-Gesellschaften. Zum einen liefert er eine unzureichende Definition von Jäger-und-SammlerInnen-Gesellschaften. Diese Ungenauigkeit in der Definition ist fatal, denn so kommen Fallstudien in seinen Untersuchungen vor, die letztlich nicht in dieselben Kategorien passen. Es fließen Daten von Ackerbau-Gesellschaften in seine Analysen mit ein und verfälschen die Ergebnisse. Jäger-SammlerInnen-Gesellschaften und Gesellschaften, die ausschließlich Landwirtschaft und Viehzucht betreiben, können nicht in einen Topf geworfen werden, da sie strukturell sehr verschieden aufgebaut sind. Sie haben unterschiedliche politische, ökonomische und soziale Systeme. Es handelt sich hier eindeutig um analytisch zu trennende Kategorien. Man kann nicht voraussetzen, dass die LeserInnen diese Feinheiten selbst aufdecken. Es ist Aufgabe des Wissenschaftlers, seine Daten sorgfältig auszuwählen.

Überdies zieht Pinker kriegerische Geschehnisse aus modernen Jäger-SammlerInnen-Gruppen heran, ohne den LeserInnen den Kontext dabei klarzumachen. So wie viele zieht er die Yanomami heran, eine Jäger-SammlerInnen-Gruppe im Amazonasgebiet. Diese Gruppe steht seit der ersten Veröffentlichung des Buches „Yanomami: the fierce people", was so viel bedeutet wie „das kriegerische Volk", des Anthropologen Napoleon Chagnon aus dem Jahr 1968 im Zentrum kontroverser Diskussionen. Ja, die Kriegsführung der Yanomami ist herausragend, dennoch muss sie im sozio-politischen Kontext betrachtet werden. Pinker ist mit seinen unscharfen Argumenten in diesem Fall nicht allein. Vielmehr ordnet er sich in dem Fall in eine große Debatte innerhalb der Anthropologie ein. Brian Ferguson deckt im Folgenden auf, was Pinker und seine Kollegen in ihren Analysen unbeachtet lassen.

DIE YANOMAMI, ODER: THE FIERCE PEOPLE[xxx]

Die Yanomami leben im Amazonasgebiet, in den Bergen zwischen Venezuela und Brasilien. Um eine Vorstellung davon zu bekommen, wie Daten verzerrt dargestellt werden können, lohnt es sich, einen genaueren Blick auf diese Gesellschaft zu werfen.

Mit etwa 30.000 Mitgliedern, die sich in Kleingruppen aufteilen, bilden die Yanomami die größte indigene Gruppe der Amazonasregion. Durch Anthropologen wie Napoleon Chagnon und Kenneth Good erreichten sie international große Bekanntheit, sowohl innerhalb als auch außerhalb der Wissenschafts-Community. Vor allem unter AnthropologInnen gibt es eine sehr große Debatte darüber, ob die Yanomami von Natur aus kriegerisch seien oder nicht. Brian Ferguson zeigt anhand einer groß angelegten Studie, in der er jede je dokumentierte Kriegs- oder Gewaltsituation zwischen Yanomami-Gruppen integriert, dass es sich nicht um eine kriegerische menschliche Natur handelt. Er konzentriert sich dabei auf Kontakte mit westlichen Anwesenden wie zum Beispiel ForscherInnen, MissionarInnen oder VertreterInnen von Hilfsorganisationen. Die verschiedenen Kontaktsituationen und ihre Auswirkungen miteinbeziehend erkennt er ein klares Schema, das gewisse Verhaltensmuster vorhersagen lässt. Er inkludiert nicht nur gewaltvolle Überfälle, sondern auch Bewegungen der Gruppen, Allianzen und politische Bündnisse unter den Yanomami. Diese Phänomene stellt er den Veränderungen durch die Präsenz von Außenstehenden direkt gegenüber.

Seine Erkenntnisse sind eindeutig. Das kriegerische Verhalten der Yanomami steht im direkten Zusammenhang mit dem Kontakt zu *WEIRD societies* oder genauer gesagt mit der Aussicht auf westliche Güter. Die Yanomami setzen kriegerische Aktionen, sobald eine Verbesserung des Zugangs zu knappen westlichen Gütern in Aussicht ist oder sobald sie ihren Zugang zu Waren wie Stahlwerkzeugen schützen wollen.

Mit seinem Modell zeigt Brian Ferguson, dass es ganz klar einen Zusammenhang zwischen Kriegsführung bei den Yanomami und den räumlichen und zeitlichen Umständen, in denen sich eine Gruppe befindet, gibt. Am Beispiel der Yanomami kann gezeigt werden, dass es nicht ihre Natur ist, die sie kriegerisch sein lässt, sondern dass vielmehr die Kultur sie dazu veranlasst hat. Am Beispiel der Stahl-Axt wird dieser Vergleich deutlich. Das Fällen eines Baumes mit einer Stein-Axt dauert circa zehn Mal so lange wie mit einer Stahl-Axt. Überträgt man diesen Fakt auf alle weiteren Arbeiten, die mit einer Stein-Axt erledigt werden müssen, erkennt man schnell, welchen Einfluss ein solches neues Werkzeug auf den Alltag der Menschen vor Ort hat. Waren wie diese sind heiß umkämpft unter den Yanomami-Gruppen.

Wie so oft in der Wissenschaft stehen sich hier zwei Lager gegenüber. Auf der einen Seite haben wir die „Kriegs-Schule".[XXXI] Anhänger dieser Denkrichtung haben sich zum Ziel gesetzt, die naturgegebene Gewaltbereitschaft des Menschen durch Beispiele von rezenten und steinzeitlichen Jäger-SammlerInnen-Gruppen zu legitimieren. Und auf der anderen Seite steht die von den Opponenten überspitzt genannte „Peace-Mafia", jene Gruppe von WissenschaftlerInnen, die Gegenbeweise sammeln konnten, um die These rund um die kriegerische Natur des Menschen zu widerlegen.

CONCLUSIO

Ist Gewaltbereitschaft eine evolutionär hervorgebrachte Anpassung oder modernes Verhalten? Und was sagt uns das über die Natur des Menschen? Ja, Menschen haben die Fähigkeit, Kriege zu führen, aber da Krieg in einigen kulturellen Kontexten, wie z.b. in steinzeitlichen sowie modernen Jäger- SammlerInnen-Gesellschaften de facto nicht vorkommt, kann man daher nicht von der Natur des Menschen sprechen. Vorstellungen und Ideen von der gewaltbereiten und kriegerischen Geschichte und Natur des Menschen stammen weniger von wissenschaftlichen Fakten als vielmehr von Bildern, die der Logik von WEIRD societies folgen.

Die Idee von Gewaltbereitschaft als universell menschliches Phänomen ist ein Beispiel dafür, dass wissenschaftliche Objektivität populäre Generalisierungen entkräften kann. Seien wir also stets auf der Hut, wenn es um die Natur des Menschen geht. Gerade in diesen Fällen sind Argumentationslinien schnell gefärbt vom sozio-politischen Kontext ihrer Zeit.

Wir haben gesehen, dass in Debatten rund um die Natur des Menschen oft einmal Primaten und steinzeitliche Jäger und SammlerInnen herangezogen werden. Erklärungen wie, „Damals als wir noch Jäger und Sammler waren, haben wir ja auch…" oder „Das ist wie bei den Affen, die machen genauso ..." werden schnell getroffen. Auch wenn ab und an ein Zufallstreffer dabei sein mag und ad hoc-Erklärungen dieser Art mit dem Stand der Wissenschaft übereinstimmen, kann man sich in den meisten Fällen nicht darauf verlassen. Vielmehr gilt es, dahinterliegende Annahmen zu überprüfen. Im Fall der Frage nach Gewaltbereitschaft haben wir gesehen, dass weder der biologistische Ansatz noch die evolutionspsychologische Erklärung von Steven Pinker haltbar ist. Zu behaupten, Gewaltbereitschaft läge in unserer Natur, weil diese auch bei Primaten zu beobachten ist oder weil im

Leben unserer Jäger-SammlerInnen-Vorfahren Gewalt angeblich zur Tagesordnung gehörte, können mittels archäologischer und anthropologischer Perspektive widerlegt werden. Ob nun im Umkehrschluss Gewaltbereitschaft und Krieg stattdessen immer mehr zunehmen im Laufe der Zeit, das wäre eine These für ein anderes Buch. Obwohl ich an dieser Stelle die Frage schon einmal mit Ja beantworten würde…

Naturverbundenheit entmystifizieren

Dieses Kapitel beginne ich mit einer meiner Lieblingsgeschichten aus der Kalahari. Sie handelt von einer Gruppe von BesucherInnen, die während meinem Aufenthalt ebenfalls für ein paar Tage mit den Ju/'hoan San lebte und bitter enttäuscht wurde. Zugegebenermaßen mag es leicht zynisch wirken, sie als meine Lieblingsgeschichte zu bezeichnen, das liegt jedoch wahrscheinlich daran, dass dieses Thema für mich gleichermaßen ein emotionales wie politisch hoch relevantes ist. Die Ironie dieser Situation könnte jedenfalls die Problematik rund um die Idee von Naturverbundenheit nicht besser beschreiben. Aber lesen Sie selbst:

Eine Gruppe von fünf europäischen BesucherInnen begleitete vier Jäger auf der Jagd. Sie wurden zuvor über den Ablauf instruiert: nicht sprechen während der Jagd, ruhig verhalten, auf Kommandos der Jäger achten, unauffällige Kleidung (Farben) tragen, genügend Wasser mitbringen. Nachdem alle bereit waren, ging der lange Fußmarsch durch die offene Kalahari los.

Es war der Moment, in dem alle geduckt am Boden saßen und gespannt warteten, was als nächstes passieren würde. Die beiden Jäger waren mittlerweile schon so weit entfernt von der Gruppe, dass sie in der Ferne kaum mehr zu erkennen waren. Die Gruppe befolgte die Kommandos der beiden zurückgebliebenen Jäger. Alle hockten am Boden. Kappe vom Kopf, ruhig verhalten, nicht bewegen. Spannung lag in der Luft. Die Pfeil-und-Bogen-Schützen waren einer Antilope dicht auf den Fersen. Nach einigen Minuten des Wartens stellte einer der Besucher den Jägern flüsternd eine Frage. „Stimmt es, dass ihr Jäger eine ganz besondere Verbindung zu den Tieren habt? Ich habe gelesen, ihr spürt eine Art Verbindungsstrang zwischen eurem Herzen und dem des

Tieres. Ist das so, ja?" Ein erwartungsvoller und romantischer Blick ging von dem Mann aus. Die Jäger begannen zu diskutieren. In ihrer Muttersprache, Ju/'hoansi. Nach ein paar Minuten Besprechung war die erste kurze Antwort ihres Übersetzers ein klares: „Nein, so etwas kennen wir nicht". Der sichtlich überraschte Mann wollte aufgeklärt werden. „Aber was habt ihr denn jetzt besprochen?" Einer der Jäger, der auch Englisch sprach, erklärte geduldig: „Nun ja, wir haben von diesen Dingen gehört. Von dieser Black Magic. Die Black People²⁶ können so etwas anscheinend, aber wir nicht. Und wir wollen auch nichts damit zu tun haben. Das macht uns Angst."

In dieser Situation blieb ein verdutzter und auch enttäuschter Europäer zurück. Die Vorstellung, in Namibia mit den letzten Menschen in Kontakt zu treten, welche diese ursprüngliche Verbindung mit der Natur noch erleben, war ein großer Treiber für ihn, sowie auch für die restliche Truppe, nach Namibia zu reisen.

Mit dieser Vorstellung ist diese Gruppe nicht allein. Ich erlebe es sehr oft, dass Menschen an mich herantreten und nach Bestätigung suchen, wenn es um diese idealisierende Naturverbindung geht. Tatsächlich ist es meist die erste oder zweite Bemerkung, mit der ich konfrontiert werde, wenn ich über meine Forschungen zu Jäger-und-SammlerInnen-Gesellschaften spreche. „Ach wie schön, diese Menschen leben eben noch im Einklang mit der Natur!" oder „Die Menschen haben ja ein ganz anderes Gespür für Natur, ja?". Das sind Aussagen, die ich immer und immer wieder zu hören bekomme. Ich mag sie nicht, beziehungsweise bin ich hier mittlerweile sehr hellhörig geworden. Sie implizieren so viele Themen. Die Menschen, die solche Aussagen tätigen,

---

26 So nennen die Ju/'hoansi die Mehrheitsbevölkerung Namibias.

sind sich dessen jedoch in den allermeisten Fällen gar nicht bewusst. Auch wenn die Intention und Vorstellungen also keine negativen sind, können sie äußerst problematisch sein. Sehen wir uns genauer an, warum.

WAS STECKT DAHINTER?

Was hinter derartigen Aussagen steckt, ist der Vergleich mit der eigenen Lebenswelt. Es ist keine mutwillige Abwertung, sondern vielmehr ein Sich-selbst-in-den-Mittelpunkt-Stellen. Nicht selten bemerke ich den persönlichen Frust von Menschen, die diese Vergleiche aussprechen. Es geht dabei um das eigene Wohlbefinden, das Gefühl, in seiner Freiheit eingeschränkt zu sein und im Strudel der komplexen Gesellschaft, in der man lebt, keinen Einfluss mehr auf das eigene Leben zu haben. Die Natur und das vermeintlich ursprüngliche Leben sind dabei ein schneller gedanklicher Ausweg. Die Vorstellung, keinen gesellschaftlichen Zwängen zu unterliegen, wirkt derart befreiend und leicht, dass man gern in diesem Gedanken verharrt.

Fakt ist jedoch, dass schnell übersehen wird, dass auch Jäger und SammlerInnen in ihren gesellschaftlichen Strukturen feststecken. Niemand auf diesem Planeten kann sich seiner Sozialisierung vollständig entziehen. Niemand ist isoliert auf dieser Welt, auch wenn manche Menschen sich danach sehnen. Das ist nicht unsere Natur. Unsere Natur ist Kultur, das meint die Fähigkeit, gemeinsam mit anderen zu leben und uns an das Setting anzupassen, in das wir geboren wurden. Und dazu gehört immer ein gewisses gesellschaftliches Gerüst. Zu glauben, Jäger und SammlerInnen oder unsere steinzeitlichen Vorfahren sind oder waren freier als Großstädter, ist ein Irrglaube. Es mag sein, dass es in der Steppe der Kalahari weniger Ablenkungen für unsere Sinne gibt –

keinen Straßenverkehr, kein Fernsehen, kein Internet, keine 9-to-5-Jobs, keine Industrie. Ein gesellschaftliches Gewebe an Konventionen, Vorschriften und sozialen Regeln gibt es jedoch auch in der Steppe. Dort, hier, damals, heute. Das macht das Zusammenleben des Menschen aus. Wer sich wie zu verhalten hat, wer wen wie ansprechen soll, wer welche Aufgaben zu erledigen hat – dafür gibt es allerorts Regeln und Bestimmungen. Sie mögen weniger komplex sein in Gesellschaften, die aus nur 50 Personen bestehen im Vergleich zu einer Metropole, aber das eine als besser zu bewerten als das andere ist eine Zuschreibung, die ich nie wagen würde.

WAS KOMMT DANACH?

Oder: Was kann mit Aussagen wie „Ach, diese Menschen leben noch so im Einklang mit der Natur!" anrichten? Fakt ist: Damit definiert man eine Andersartigkeit der Menschen und stellt sie auf ein imaginäres Podest. Man schreibt ihnen teilweise esoterische, übernatürliche Fähigkeiten zu, was wiederum eine Form des Rassismus ist. Oft wird das längst überholte Bild der „edlen Wilden" reproduziert. Sehen wir uns alle diese Aspekte genauer an.

Seit Ende des 15. Jahrhunderts expandierten europäische Mächte in verschiedene Regionen Amerikas, Asiens und Afrikas. Territorien auf der ganzen Welt wurden unterworfen und ansässige Menschen vertrieben oder unterjocht. Damit begann die Zeit der Kolonisierung. Damals kam es zu einem Aufeinandertreffen der sogenannten „zivilisierten Welt" mit damals sogenannten „Naturvölkern".[27] Seitens der Eroberer wurde ein klarer Unterschied gemacht zwischen „uns" und „den anderen", „den

---

27 Dieser Begriff ist heute nicht mehr zu verwenden. Er ist politisch nicht korrekt, da er auf eine Erhabenheit oder Höherwertigkeit westlicher Kultur hindeutet.

Zivilisierten" und „den Wilden", „den EuropäerInnen" und „den Primitiven". Zum einen wurde eine Erhabenheit proklamiert, welche die verwerfliche Unterdrückung sowie Sklaverei indigener Gruppen legitimierte. Zum anderen entstand mit dieser Phase auch die Idee von den „edlen Wilden". Was umfasst dieser Begriff? Paradoxerweise ist hiermit ein Urzustand gemeint, den man sich selbst herbeisehnte. Man beschrieb die Menschen, auf die man auf den Reisen traf, als ursprünglich, unschuldig und in einer Art Urzustand lebend. Damit einher ging allerdings auch die Vorstellung von gewissen Entwicklungsstufen. Menschen würden sich von archaischen „edlen Wilden" hin zu zivilisierten Menschen entfalten. Leider, so die Vorstellung, wären sie dazu verdammt, auf dem Wege dorthin ihre Instinkte, ihren Urzustand zu verlieren. Der Mensch, der von Natur aus gut wäre, würde durch die sogenannte Zivilisation verdorben.

Reiseberichte aus der Kolonialzeit lieferten damals bereits Daten für die Wissenschaft. So manifestierten sich diese Ideen auch im wissenschaftlichen Diskurs und ein festgefahrenes Bild der „primitiven Völker" verfestigte sich. Heute kann diese Vorstellung von (evolutionären) Entwicklungsstufen als Relikt aus der Vergangenheit beschrieben werden. Und das ist auch gut so. Heute ist es so, dass das Bild vom „edlen Wilden" gerne so gedreht wird, wie es politisch gerade gebraucht wird. Zum einen besagt es, dass der Mensch von Natur aus gut sei und nur durch die Zivilisation verdorben würde. Und zum anderen wird es dann verwendet, um die Höherstellung nicht indigener Gesellschaften zu legitimieren.

Die Problematik, die in beiden Fällen zu erkennen ist, sehen wir daran, dass es in jedem Fall die Indigenen sind, über die etwas gewusst wird und die westlich Geprägten jene sind, die wissen. Es entsteht ein Machtverhältnis, das in beiden Fällen in eine Art Unterwerfung mündet.

Ein weiteres Problem stellt die Tatsache dar, dass derartige Bilder Klischees reproduzieren. Die Individualität der Menschen rückt in den Hintergrund und eine einheitliche Kategorie entsteht, die auf alle angewendet wird. Anstatt eine einheitliche gesellschaftliche Organisationsform zu beschreiben, werden die Individuen selbst als homogen, also einheitlich dargestellt. Diversität gibt es aber auch in indigenen Bevölkerungsgruppen. Diversität ist ein Grundpfeiler menschlichen Zusammenlebens, sowohl in strukturell simplen als auch komplexen Gesellschaften. Mit dem oben beschriebenen Bild indigener Gruppen wird man dieser Realität nicht gerecht.

Es mag sein, dass vielen Menschen bewusst ist, dass First Nations People, Inuits oder Aborigines heute nicht mehr in Tipis und Iglus leben oder über weite Strecken hinweg nur mit Hilfe von Rauchzeichen kommunizieren. Dennoch sind diese Bilder in den Köpfen vieler gespeichert. So ist es auch nicht verwunderlich, dass ein Teil der San Jäger und SammlerInnen in der Kalahari heute ihr Geld damit verdient, für TouristInnen in traditionellen Lendenschurzen zu tanzen oder mit stumpfen Pfeilen Jagdsituationen nachstellen. Denn letztlich ist es eben so, dass die Mystifizierung von Indigenen in erster Linie der eigenen Bedürfnisbefriedigung der nicht-Indigenen dient: zur Begründung der eigenen Überlegenheit oder zur Auflösung von persönlichen Identitätskrisen in der von der vermeintlichen Entfremdung bestimmten kapitalistischen Gesellschaft. Es geht um eine Übertragung der eigenen Wünsche und Sehnsüchte auf die sich in einem glücklichen Urzustand befindlichen indigenen Gruppen.

ENTMYSTIFIZIERUNG VON INTUITION

Man kann durchaus davon ausgehen, dass jene Ju/'hoan San, die ihren Lebensunterhalt heute zu einem großen Teil durch die Jagd und das Sammeln von Pflanzen und Wildfrüchten bestreiten, eine gewisse „Verbindung" zu ihrem natürlichen Umfeld haben.[28] Hierbei handelt es sich jedoch nicht um angeborene Instinkte. Diese uns vielleicht magisch erscheinende Verbindung ergibt sich daraus, dass die Menschen nun mal draußen leben, ihr Leben lang. Sobald man tagtäglich dem Wetter sowie der Flora und Fauna rund um sich ausgesetzt ist, lernt man schnell, die Zeichen um sich herum zu verstehen. So würde es jedem von uns gehen. Dabei handelt es sich jedoch weder um angeborene Instinkte noch um eine mystische Verbindung als vielmehr um eine logische Konsequenz. So wie Sie wissen, wie man sich auf den Straßen einer Großstadt zu verhalten hat, wie ein Theaterbesuch abläuft oder Sie die heimische Flora kennen, so kennen die Menschen in der Kalahari eben ihr Umfeld. Der Unterschied in komplex aufgebauten Gesellschaften ist der, dass es zu einer Aufteilung von Wissen kommt. In Jäger-und-SammlerInnen-Gesellschaften weiß jede Person über ihr Umfeld Bescheid. Jede/r kennt also beispielsweise die Namen, die Einsatzmöglichkeiten und die Standorte aller Pflanzen. Im westlichen Kontext kommt es viel mehr zu einer Aufteilung von Wissen. Während die einen ExpertInnen für Flora und Fauna sind, sind die anderen mit Medizin vertraut, Technologie oder anderen Bereichen.

Diese Erfahrung hat auch Daniel Everett während seiner Forschungen mit den Piraha im Amazonasgebiet gemacht. Er erzählte mir dazu folgendes:

---

28 Heute werden die Ju/'hoan San zum Teil mit staatlichen Subventionen versorgt. Maismehl wurde demzufolge zu einer Lebensmittelgrundlage. Auch Tourismus sowie andere Saisonarbeiten bringen teilweise Einkommen in die Communities. Damit können Lebensmittel gekauft werden.

Wenn die Piraha mich nach dem Namen einer gewisser Pflanze in meiner Sprache fragen und ich antworte ‚Das weiß ich nicht‘, dann antworten sie: „Also in deiner Sprache kann man das nicht sagen/ausdrücken?" (So your language doesn't know that?) Ich erkläre ihnen dann, dass viele Menschen aus meiner Community den Namen für diese Pflanze kennen, ich ihn aber nicht weiß, denn in meiner Community ist Wissen verteilt. Unterschiedliche Menschen wissen unterschiedliche Dinge, es gibt viel Spezialisierung. Bei den Piraha ist das anders. Jedes Individuum in einer Jäger-SammlerInnen-Community ist verantwortlich dafür, alles zu wissen, weil sie von diesem Wissen abhängig sind. Ihr Überleben hängt davon ab. Wir [AmerikanerInnen] können es uns leisten, Dinge nicht zu wissen, sowie den Namen einer bestimmten Pflanze, weil wir immer bei irgendwem nachfragen können. Jäger und SammlerInnen können sich das nicht erlauben. Wenn man im Dschungel unterwegs ist, muss man sich zurechtfinden.[XXXII]

Diese andere Beschaffenheit von Wissensverteilung hat natürlich etwas mit dem Komplexitätsgrad einer Gruppe zu tun. Wie bereits erwähnt: Eine Gruppe von 50 Personen organisiert sich anders als eine Gruppe von 50 Millionen. Die „Verbindung" mit der Natur ist also keine angeborene, sondern eine ansozialisierte Fähigkeit. Wären Sie selbst in der Steppe der Kalahari oder im Dschungel des Amazonas geboren, hätten Sie dieselben Kenntnisse über ihr Umfeld wie die Menschen rund um Sie.

Nun kann man trotzdem beobachten, dass Jäger ihre Beute oft wahrnehmen, ohne sie noch zu sehen, sie „spüren" ihre Anwesenheit, ohne noch ein klares Zeichen von ihnen zu bekommen. Was hat es damit auf sich? Um welche Art von Verbindung zwischen dem Tier und dem Jäger handelt es sich hier? Mittlerweile wissen wir, es handelt sich weder um einen angeborenen menschlichen Instinkt noch um eine spirituelle Verbindung. Was aber ist es sonst?

Die Antwort ist: Intuition. Was Jäger und SpurenleserInnen auf ihren Streifzügen immer wieder erleben und auch einsetzen, ist ihre Intuition. Der Psychologe Malcolm Westcott[XXXIII] liefert eine präzise Definition dafür. Ist Intuition im Spiel, bedeutet das ganz einfach, dass man eine Schlussfolgerung zieht, ohne eigentlich alle dazu nötigen Infos zur Verfügung zu haben. Man entscheidet oder erkennt also etwas, ohne dass dies, von außen betrachtet, möglich ist. Man kann einen Schluss ziehen, ohne selbst genau zu wissen, wie man dazu kommt. Intuition setzt ein in Situationen, in denen a) nicht ausreichend Zeit ist, genügend Informationen auszuwerten, b) wenn die Daten zu komplex sind, um sie ad hoc zu verarbeiten, c) wenn irrelevante Daten sich stark mit den Relevanten vermischen oder d) wenn die Daten sehr limitiert sind. Setzt Intuition ein, greift man automatisch auf die Informationen zu, die einem der Impuls von außen liefert und gleichzeitig dockt man an den eigenen Erfahrungsschatz an. Von außen betrachtet ist der Entscheidungsprozess also nicht immer nachvollziehbar, denn man greift auf im eigenen System gespeicherte Daten ganz automatisch zu. Diese intuitiven Gedanken können nicht immer klar nachvollzogen werden. Darin liegt der Unterschied zum aktiven Schlussfolgern.

Sehen wir uns Intuition in der Praxis an, beim Spurenlesen. Während ein Tracker unterwegs ist, nimmt er durchgehend eine große Menge an direkten Zeichen wahr. Darunter sind zum Beispiel Geräusche, Bewegungen oder Gerüche. Er nimmt aber auch Zeichen wahr, die weder für ihn noch für andere offensichtlich sind. Das kann die Bewegung eines Busches sein, die er in der Peripherie wahrnimmt. Das kann ein flüchtiger Geruch sein, der sofort wieder vom Wind verweht wird. Oder auch ein sehr leises Geräusch, das er tatsächlich nur unterbewusst wahrnimmt. Dazu kommt sein persönlich abgespeichertes Wissen über das verfolgte Tier und das gesamte Umfeld. All diese Informationen kombiniert er dann, jedoch nicht aktiv, sondern automatisch. Sind alle Infos und Daten verarbeitet, kommt er zu einem Schluss, wie zum Beispiel: Hier muss vor etwa 10 Minuten ein Kudu gelaufen sein! Diese Schlussfolgerung mag nach außen hin mystisch wirken. Wie konnte er das wissen? Es gab doch keine eindeutigen Zeichen für diese Erkenntnis? Tatsächlich handelt es sich jedoch nicht um magisches Gespür oder eine übernatürliche Verbindung mit dem Tier, sondern eben: um Intuition. Der Tracker kombinierte alle ihm zur Verfügung stehenden Daten – jene, die er aktiv wahrgenommen hat und jene, die er passiv dazugefügt hat. So entsteht ein „Gefühl" für den richtigen Schluss. Dieses Gefühl kann letztlich erst dann entstehen, wenn ein gewisser Expertenstatus erreicht ist. Je mehr Daten man in den Erfahrungsschatz einspeist, umso mehr Information ist da, um bei der nächsten Jagd passiv abgerufen zu werden.

Die übernatürliche Verbindung mit der Beute ist also kein realer Fakt. Kalahari-Tracker „sehen" Tiere nicht, bevor sie sichtbar sind, und sie „spüren" sie nicht, ohne irgendein Zeichen ihrer Existenz zu erkennen.[XXXIV]

SCHWANGERE FRAU AM HIMMEL

Es gibt diese irrationale Sehnsucht nach einer anderen Wahrheit. Die Sehnsucht danach, doch irgendwo diese eine, lineare und simple Erklärung zu entdecken. Vielleicht sind die Jäger und SammlerInnen eben doch in einer Verbindung mit der Natur, die uns nicht zugänglich ist. Vielleicht sind wir doch blind vor Ignoranz. Auch in meinem Kopf schwirrten diese Gedanken hin und wieder herum. Weil es eben so einfach wäre und so schön, klare Antworten auf Fragen zu bekommen. An diesem einen Tag in der Kalahari hatte ich diese Gedanken anscheinend ebenfalls. Doch auch mir blieb die Konfrontation mit der Realität nicht erspart und ich wurde eines Besseren belehrt.

„Sieh nur, eine schwangere Frau am Himmel!" Ich blickte nach oben. In diesem weiten blauen Himmel über der Kalahari war eine große weiße Wolke zu sehen. Tatsächlich war darin eindeutig eine schwangere Frau zu erkennen, die flach auf dem Rücken lag. Ich blickte den Tracker neben mir erwartungsvoll an. „Das bedeutet, dass in der Nachbarsgruppe gerade eine Frau schwanger wurde. Schon bald wird sie ein Kind gebären.", erklärte er mir auf Englisch. Für zwei Sekunden durchflutete mich ein Gefühl von Ehrfurcht und Erstaunen. Ein Zeichen der Natur schickt den Menschen diese Botschaft? Während ich diesen Gedanken gerade noch fertig denken konnte, begann der Tracker neben mir bereits laut zu lachen. „Did you really think that this is true?", fragte er mich mit einem breiten Grinsen im Gesicht. Ich wurde veräppelt. Als ich realisierte, was passiert war, musste ich selbst laut lachen.

Durch diese Geschichte wurde mir klar, dass ich auch nicht gefeit bin vor gewissen romantisierenden Vorannahmen. Auch ich bin in einer Welt aufgewachsen, in der man bereits Kindern in der Schule exotisierende Bilder von indigenen Gruppen aufdrängte. Trotz meines analytischen und wissenschaftlichen Blickes auf die Dinge wurde ich selbst Opfer meiner eigenen Sozialisierung. Für diese Erfahrung bin ich sehr dankbar. Sie hat mir wieder einmal aufgezeigt, dass Objektivität, auch für WissenschaftlerInnen, nie zu 100% gegeben ist, sondern immer nur ein Annäherungswert bleiben kann.

WER WIR SIND

In diesem Kapitel wurde gezeigt, dass es manche Vorstellungen darüber, wie wir Menschen funktionieren, zu überdenken gilt. Beispiele dieser Art gäbe es tatsächlich noch viele mehr. Was sie alle gemeinsam haben: Sie scheinen simpel, sind aber weitreichend. Nur weil wir Dinge nicht hinterfragen, sind sie noch lange nicht als universell anzunehmen. Nur weil wir Phänomene auf bestimmte Arten und Weisen erklärt bekommen, sind sie nicht allgemein gültig. Sie zu durchleuchten, bringt uns letztlich auf neue Ideen, ein Gewinn für uns selbst und unsere Gesellschaft.

Kultur, das haben wir erfahren, ist im Grunde die Natur des Menschen. Wenn ich behaupte, der Mensch handle viel mehr von Kultur als von Natur aus, dann geht die Beobachtung weit hinaus über kulturspezifische Kleidung, Essgewohnheiten, Rituale oder Bräuche. Vielmehr zieht sich diese Tatsache durch alle Ebenen kultureller, sozialer, politischer und ökonomischer Organisation.

Was passiert mit uns, wenn Zeit zeitlos wird? Wonach streben wir, wenn Besitz und Überfluss eines Tages keinen Wert mehr haben? Was bedeutet es für unser Zusammenleben, wenn der Mensch nun doch nicht für kriegerische Auseinandersetzungen gemacht ist? Welchen Umgang mit unserer Umwelt können wir etablieren, wenn wir verstehen, dass wir die Verbindung zur Natur gar nicht verlieren können?

Es geht hier keineswegs um einen Zurück-zum-Ursprung-Gedanken, im Gegenteil. Es geht darum, zu erkennen, welches Potenzial darin liegt, sich Gedanken über die Natur des Menschen und über die verschiedenen Formen seiner Organisation zu machen. Es geht um unsere Zukunft.

4

ZUKUNFT HEISST, SPUREN HINTERLASSEN

Aus der Vogelperspektive betrachtet, bewegen wir uns als Menschheit alle auf einem Pfad. Stellen wir uns vor, wie die Menschheit diesen Pfad entlanggeht und zoomen näher heran, erkennen wir, dass hier ganz unterschiedliche Fußabdrücke entstehen. Diese Abdrücke stehen z.b. für unterschiedliche kulturelle Konzepte von Zeit, Besitztum, Naturverbundenheit und vielen weiteren. Diese werden im Lauf der Zeit sowie im Hier und Jetzt nicht nur anders gelebt, sondern auch anders gedacht.

Die metaphorischen Spuren der *Zukunft* werden wir nie lesen können. Wir können jedoch antizipieren, wo sie hinführen könnten, wenn wir lernen, jene im Hier und Jetzt zu erkennen und richtig zu interpretieren. Und damit das möglich ist, gilt es eine Grundprämisse zu überprüfen. Das Menschenbild, von dem wir ausgehen.

So sind wir eben... nicht.

Seit Jahrtausenden rätseln große DenkerInnen, ob der Mensch von Natur aus egoistisch sei oder nicht. Im Supermarkt lässt er die alte Dame, die sichtlich schwach auf den Beinen ist, nicht vor. In der Ubahn bleibt er sitzen, obwohl eine schwangere Frau zusteigt. Dem Obdachlosen schenkt er weder ein Lächeln noch das nötige Kleingeld für das nächste Mittagessen. Denn er ist selbst in Eile, müde vom Tag oder spart gerade auf den nächsten Urlaub. Die Haltung, gemäß den eigenen Vorteilen und Wünschen, ohne Rücksicht auf die Ansprüche anderer zu handeln, scheint eine weitverbreitete zu sein. Gleichzeitig, und das ist das Paradoxe daran, ist es so, dass Gleichheit ein Wert ist, für den immer mehr Menschen einstehen. Ob im Hinblick auf Geschlechter- oder Rassismus-Themen oder Debatten über soziale Herkunft: Stimmen, die vehement für Gleichberechtigung und gleiche Rechte für alle plädieren, werden immer lauter und sind aus unserer Gesellschaft nicht wegzudenken. Menschen setzen sich für andere ein. Solidarität statt Egoismus ist überall und gerade auch in Krisenzeiten zu beobachten. Wie ist das möglich, wenn wir doch im Grunde eine egoistische, auf den eigenen Vorteil bedachte Spezies sind? Ganz einfach, das Menschenbild, das wir teils unhinterfragt in uns tragen, stimmt nicht. Es muss nicht nur der Egoismus-Aspekt unseres Menschenbildes zurechtgerückt werden, sondern noch so manch anderes, wie wir bereits gesehen haben. Die Vorstellung, dass der Mensch hier ist, um seine Zeit zu nützen, dass er nach Besitzanhäufung strebt, dass er von Natur aus eine besondere Verbindung zur Natur hätte, dass er im Grunde gewaltbereit ist – all das sind Annahmen, die ins Wanken geraten, sobald man sie genauer beleuchtet.

Was haben all diese Missverständnisse nun gemeinsam oder warum ist es wichtig, sich mit ihnen zu beschäftigen? Vorstellungen davon, wozu wir als Menschen gemacht sind und mit welchem Bausatz wir als Homo sapiens ausgestattet sind, verleihen uns Flügel und Fesseln zugleich. Gehen wir von einer ursprünglichen Naturverbundenheit aus, die der Mensch heute verloren hätte, lässt uns das frustriert in unseren Stadtwohnungen zurück. Besitz als Konzept nie zu hinterfragen, bremst uns, neue Konzepte von Eigentum zu entwickeln, die sich besser an die globale Situation anpassen ließen. Den Menschen als von Natur aus gewaltbereites Wesen hinzunehmen, schafft Misstrauen. Und Zeit als chronisch knapp zu empfinden, löst in uns allen auf vielen Ebenen einen ungemeinen Stress aus.

Drehen wir den Spieß um, ergeben sich viele neue Möglichkeiten. Naturverbundenheit nicht als angeborenen Instinkt aufzufassen, befreit uns von der Vorstellung, wir würden in Städten nicht mehr unsere *wahre Natur* leben können und hilft dabei, neue Konzepte des kulturellen Miteinanders zu entwickeln. Besitz als kulturspezifische Praxis wahrzunehmen, macht es möglich, im 21. Jahrhundert Eigentum neu zu definieren. Gewaltbereitschaft und kriegerische Auseinandersetzungen als, aus evolutionärer Sicht, modernes Phänomen zu erkennen, zeigt uns, dass es auch anders gehen könnte. Und lösen wir uns vom starren Korsett der Zeit, erkennen wir eventuell, dass wir sie nicht immer nützen müssen.

DIE SACHE MIT DEM MENSCHENBILD

Auf der Suche nach dem Ursprung des Bildes vom egoistischen Menschen landen wir im antiken Griechenland. Dort lebte vor etwa 2500 Jahren der Athener Aristokrat und Geschichtsschreiber Thukydides, der die Nachwelt mit seinem Gedankengut maßgeblich prägen würde. Er und seine Mitstreiter rückten nicht mehr die Götter, so wie damals üblich, in den Fokus, wenn es darum ging, die Natur des Menschen zu beschreiben. Vielmehr setzten sie beim Menschen selbst an. Die Annahme lautete, die Natur des Menschen sei so beschaffen, dass er nach Macht strebe und eigen- und herrschsüchtig sei. In seiner „Geschichte des Peloponnesischen Krieges" lässt sich die Gegenüberstellung der düsteren Natur im Gegensatz zur fragilen Kultur erkennen. Dort macht er klar, dass der Mensch ein Tier sei, das ausschließlich auf seinen eigenen Vorteil bedacht ist. Und Kultur habe die Aufgabe, diesen tierischen Menschen zu bändigen. Thukydides war nicht der Einzige mit dieser Auffassung. Ihm und so manchen Anhängern der Sophisten ging es darum, auf die angeborenen Triebe und Zwänge des Menschen aufmerksam zu machen. Zu dieser Zeit und durch diese Ideen festigte sich eine Vorstellung, die in die Geschichte eingehen sollte. Bis heute wurden zwei grundlegende Elemente überliefert. Zum einen wurde uns die Idee des triebgesteuerten Menschen vermacht. Und zum anderen wurde damals der Grundstein gelegt für eine Unterscheidung zwischen *Natur* und *Kultur,* die seither charakteristisch für das Abendland ist. Natur, das sei Authentizität und Wirklichkeit. Kultur ist unecht. Natur ist wahr. Kultur ist falsch. Natur ist rein und gut und wird von Kultur versklavt. Denken wir zum Beispiel an den Garten Eden oder an indigene Gruppen, die in den abgelegensten Orten, zumindest unserer Vorstellung nach, noch ihre „wahre Natur" leben. Diese Conditio Humana prägte im Laufe der Geschichte auch die Überlegungen zum düsteren Wesen des Menschen von berühmten Denkern wie zum Beispiel dem römischen Bischof Augustinus, Thomas Hobbes, Niccoló Machiavelli oder John Adams.[XXXV]

Der römische Bischof Augustinus prägte unter anderem dieses Bild mit seinem Werk „Gottesstaat". Denn auch im Mittelalter war die Auffassung verbreitet, die Gesellschaft sei das notwendige Gegenmittel für den angeborenen Egoismus des Menschen. Es war die Erbsünde, welche nun die dem Menschen zu Grunde liegende Bösartigkeit und seinen Egoismus symbolisierte. Und es war eine Regierung oder Monarchie, die die Wildheit des Menschen in Schach halten sollte. Augustinus, so Marshall Sahlins, „lieferte den Stoff für die christliche Fabel von der Notwendigkeit einer weltlichen Regierungsmacht."[XXXVI]

Niccoló Machiavelli, politischer Philosoph, Diplomat und Schriftsteller, ließ das Bild vom zu bändigenden Menschen in der Renaissance weiterleben und beeinflusste mit seinem Werk „Der Fürst" viele Jahre später einige große Diktatoren der Geschichte wie Hitler, Stalin oder Mussolini.

Laut dem bekannten englischen Staatstheoretiker und Philosophen, Thomas Hobbes, führen die Menschen einen „Krieg aller gegen alle". Sein einflussreiches staatstheoretisches Werk „Leviathan oder Stoff, Form und Gewalt eines kirchlichen und staatlichen Gemeinwesens" aus dem Jahr 1651 ist bis heute eines der bedeutendsten Werke der westlichen politischen Philosophie. In seinem Werk „Vom Menschen"[XXXVII] fasst er seine Grundannahme im Hinblick auf die Conditio Humana unmissverständlich zusammen: „An erster Stelle setze ich (…) den allen durch Erfahrung bekannten und von jedermann anerkannten Grundsatz, dass der Sinn des Menschen von Natur so beschaffen ist, dass wenn die Furcht vor einer über alle bestehenden Macht sie nicht zurückhielte, sie einander misstrauen und einander fürchten würden und dass jeder durch seine Kräfte sich mit Recht schützen könne und notwendigerweise auch wollte."[XXXVIII]

John Adams, einer der Gründerväter und zweiter Präsident der Vereinigten Staaten, der einen Essay verfasste mit dem Titel „Alle Menschen wären Tyrannen, wenn sie es könnten", schrieb außerdem folgende Zeilen über seine Beobachtung der menschlichen Natur: „Die selbstsüchtigen Leidenschaften [sind] stärker als die sozialen Bestrebungen und die erstgenannten werden immer über die letztgenannten, und zwar bei jedem Menschen, der den natürlichen Beweggründen seines eigenen Verstandes überlassen bleibt, obsiegen, insofern sie nicht durch eine andere äußere Macht gezügelt und eingedämmt werden."[XXXIX]

Dies sind Beispiele für einflussreiche Männer, die zu unterschiedlichen Zeiten lebten und offensichtlich gewisse Annahmen über die Natur des Menschen teilten. Gleichzeitig prägten sie mit ihrem Menschenbild viele Menschen in ihrem Umfeld und tun das, wenn auch oft unbemerkt, bis heute.

Ist der Mensch nun tatsächlich ein Tier, das gebändigt werden muss? Und wie steht es nun um die Unterscheidung zwischen Natur und Kultur?

In der vorhergehenden Kapiteln wurden die Unterschiede zwischen Mensch und Tier immer wieder skizziert. Es hat sich gezeigt, dass Kultur der Aspekt ist, der den Menschen vom Tier unterscheidet. Was ist zum Beispiel mit der sprachlichen Vielfalt, die der Mensch entwickelt hat, mit der Fähigkeit, in einem Stein einen wertvollen Diamanten zu sehen oder der Möglichkeit, eine kreuzförmiges Stück Holz in das Symbol einer Weltreligion zu verwandeln? Diese Beispiele zeigen, dass der Mensch und das Tier sich qualitativ unterscheiden und nicht graduell.[29]

Dass die Gegenüberstellung zwischen *Natürlichem* und *Kulturellem* auch nur bis zu einem gewissen Grad sinnvoll erscheint, erschließt sich aus der Definition von Kultur. Kultur ist die Natur des Menschen. Diese beiden Konzepte zu trennen und das eine dem anderen überzuordnen, ist zu einfach gedacht. Der Mensch ist ein komplexes Wesen und derart vereinfachte Vorstellungen locken uns schnell in die falsche Richtung. Zu behaupten, er

---

29 Kultur ist im Laufe der Evolution entstanden und machte es den Menschen möglich, den Planeten zu dominieren, wenn es um die Verwendung von Ressourcen geht.

brauche Kultur, um sich von seinem triebhaften (natürlichen) Verhalten zu befreien, würde Kultur in weiterer Folge mit einer Idee von Staat, Religion oder ähnlichen regulativen Mechanismen gleichsetzen. Die Idee dahinter: Solange der Mensch *von außen* reguliert wird, kann er sich angemessen verhalten. Diese Vorstellung ist noch nicht verbannt aus unserer Welt, vielerorts sogar äußerst präsent. Auch hier handelt es sich jedoch um ein Missverständnis und eine Annahme über die Natur des Menschen, die es, im Sinne einer Mensch-zentrierten Zukunft, zu überdenken gilt.

IM GRUNDE GUT

Ausgehend von diesem (veralteten) Menschenbild erklären wir uns viele Phänomene unserer Zeit. Es durchzieht sowohl wissenschaftliche als auch gesellschaftliche und politische Debatten. Das Bild vom egoistischen, zu bändigenden Menschen sitzt immer noch tief. Es hat sich so tief verwurzelt, dass es sehr schwer ist, es auch nur zu hinterfragen. In seinem Buch „Im Grunde gut" macht Rutger Bregman genau das. Das Ergebnis: ein auf den Kopf gestelltes Bild vom Menschen. Der Journalist und Historiker nimmt die LeserInnen mit auf Reisen in die Psychologie, die Wirtschaftswissenschaften, die Biologie und die Archäologie. Er bringt Beispiele aus all diesen Feldern, die beweisen, dass der Mensch eben nicht egoistisch und böse ist, sondern im Grunde gut. Menschen tendieren dazu zu kooperieren, anstatt zu konkurrieren. Sie sind eher dazu gemacht zu vertrauen als misstrauisch zu sein. Sie sind also von Natur aus gut.

Das Bild, das gezeichnet wird, irritiert. Warum das so ist, wissen wir. Hierfür wurde fast 3000 Jahre Vorarbeit geleistet. Deswegen müssen wir jetzt mutig sein. Denn es mag sich falsch anfühlen, den Menschen als „im Grunde gut" zu beschreiben. Zu viele Beispiele kommen einem in den Sinn, in denen diese Annahme grotesk erscheint. Es geht hier auch nicht darum, die Augen vor den schlimmen Dingen, die auf dieser Welt passieren, zu verschließen. Es geht darum, die guten Seiten des Menschen zum Vorschein kommen und dabei zu helfen, sie wachsen zu lassen. Denn Fakt ist: Verinnerlichen wir ein negatives Bild vom Menschen, hat das weitreichende Konsequenzen. Wenn wir negativ über den Menschen denken, bringen wir auch genau das in ihm hervor. Was also, wenn wir positiv über den Menschen denken? Wer diese Sichtweise als naiv empfindet, den möchte ich an dieser Stelle nicht überzeugen. Wer diese Sichtweise jedoch als realistisch erkennt, dem sei gesagt: Willkommen in der Zukunft.

DIE GUTE NACHRICHT: KULTURFÄHIGKEIT UND CREATIVE SCIENCE VERHELFEN UNS IN DIE ZUKUNFT

Als Menschen sind wir mit der Fähigkeit ausgestattet, über Zeichen und Symbole zu kommunizieren. Sie ermöglicht es uns, Kultur zu erleben und Wissen zu akkumulieren. Durch die Tracking-Praxis selbst wurden wir zu WissenschaftlerInnen. Wir haben die Fähigkeit entwickelt, hypothetisch zu denken und Schlüsse zu ziehen, ohne alle realen Fakten zur Hand zu haben. Die Anlage zum kreativen und hypothetischen Denken ist heute jedem von uns in die Wiege gelegt.

Auf einer Metaebene haben wir uns durch diese beiden Anlagen zu AnpassungsmeisterInnen entwickelt. Wir haben es im Laufe der Evolution geschafft, Techniken und kulturelle Praktiken zu entwickeln, die es uns ermöglichen, Säuglinge in eisigen Kälten, bei klirrender Hitze, in der Nähe von Wasser, auf Bergen oder in Wüsten großzuziehen. Gleichzeitig sind wir in Großstädten, in Nomaden-Stämmen, in Landprovinzen und in Inselstaaten überlebensfähig. Unsere Art zu leben ist in allen Teilen der Welt sowie in verschiedensten Konstitutionen möglich. 300.000 Jahre Menschheitsgeschichte deuten darauf hin, dass wir uns auch in Zukunft Herausforderungen stellen, neue Strukturen und Systeme erproben und uns an neue Gegebenheiten anpassen werden.

Genau deshalb sind die ethnographischen Berichte so wichtig. Man hätte die Nuer und die Inuit nie als „Fenster zu unserer fernen Vergangenheit" betrachten dürfen. Sie sind Kinder des modernen Zeitalters, genau wie wir, aber sie zeigen uns Möglichkeiten, auf die wir nie gekommen wären, und sie sind der Beweis, Menschen könnten solche Möglichkeiten verwirklichen und in ihrem Umfeld sogar ganze Sozial- und Wertesysteme aufbauen. Kurz gesagt, sie erinnern uns daran, dass Menschen sehr viel interessanter sind, als (andere) Menschen manchmal geneigt sind, sich vorzustellen.[XL]
Anthropologe David Graeber & Archäologe David Wengrow

WAS PASSIERT, WENN... ?

Dann versuchen wir das auch hier und lassen uns auf folgende Fragen ein: Was passiert mit uns als Gesellschaft, wenn wir Zeit definieren, anstatt sie uns? Wonach streben wir, wenn Besitz einen neuen Wert bekommt? Was bedeutet es für unser Zusammenleben, wenn der Mensch nun doch nicht für kriegerische Auseinandersetzungen gemacht ist? Welchen Umgang mit unserer Umwelt können wir etablieren, wenn wir verstehen, dass wir die Verbindung zur Natur gar nicht verlieren können? Es ist Zeit für ein Zukunfts-Brainstorming auf gesellschaftlicher Ebene. Es geht um Gedankenexperimente. Um Utopien für Realisten.

Über Zeit

In einer Welt, in der Zeitdruck, Terminstress und die Angst vor dem Älterwerden allgegenwärtig sind, beschleicht einen das Gefühl, dass die Zeit weniger den Menschen dient als sie ihr. Nun wissen wir aber, dass es nicht in unserer Natur liegt, ständig getrieben zu sein, ständig das Gefühl zu haben hinterherzuhinken oder immer schon den nächsten Termin im Kopf zu haben. Was also, wenn wir unser Konzept von Zeit, Zeit-Einteilung und Zeit-Wahrnehmung neu ausrichten?

ZEIT NUTZEN

Würde sich unser Alltag maßgeblich verändern, wenn wir mehr Zeit hätten? Frei-Zeit also. Würden wir der Versuchung widerstehen können und diese nicht (wieder) mit scheinbar wichtigen Dingen füllen?

Die Freizeit-Falle ist groß, denn sie steht in Verbindung mit der fest verankerten Vorstellung, Zeit nützen zu müssen. Gewinnen wir heute durch einen glücklichen Zufall mal eine halbe Stunde, haben wir schnell das Gefühl, am besten etwas zu *erledigen*. Wir wollen uns so, paradoxerweise, eine freie halbe Stunde in der Zukunft schaffen. Was also würden wir zum Beispiel bei einer Verkürzung der Arbeitszeit auf 20 Stunden pro Woche mit der gewonnenen Freizeit tun?

Die Chance besteht, dass wir sie verplanen würden. Und die Sache mit dem Planen ist in gewisser Hinsicht ein Teufelskreis. Wir planen, weil wir so viele Dinge in unsere Zeit reinpacken wollen wie nur möglich. Und weil wir eben so viel reinpacken wollen, müssen wir planen. Die Frage ist: Wollen wir wirklich so viele Dinge tun, erleben, machen? FOMO – fear of missing out, die Angst etwas zu versäumen, ist ein Spezifikum unserer Zeit und des kulturellen Settings von WEIRD societies. Ob es das FOMO-Phänomen auch in Jäger-SammlerInnen-Gesellschaften gibt? Ich denke nicht. Die Ju/'hoansi leben viel mehr im Hier und Jetzt und konzentrieren sich auf die Unmittelbarkeit des Alltags. Sie lassen sich weder von der Vergangenheit noch der Zukunft allzu stark definieren. Sie erkennen ihren Handlungsraum in der Gegenwart. Die Aufgabe für alle anderen ist wohl, Gelassenheit zu lernen und sie sogleich in den Alltag zu integrieren. Wenn wir Flexibilität und Spontanität wollen, dann müssen wir Ergebnisoffenheit akzeptieren.

Der Wunsch nach mehr Freizeit ist überdies trügerisch. Es ist nicht immer eindeutig, ob es sich dabei um die Sehnsucht nach dem Nichts-Tun handelt oder tatsächlich um das Nichts-Tun. Fest steht, dass die Sehnsucht nach Entschleunigung heute zum Beispiel von der Wellness- oder der Achtsamkeitsindustrie bedient wird. Und fest steht auch, dass diese Branche boomt und ihre Angebote gut und gern genutzt werden. Die Frage bleibt: Hätten wir also mehr Zeit, wenn wir tatsächlich mehr Zeit hätten? Es scheint, als würden wir aufgefordert, für uns neu zu definieren, was es bedeutet, Zeit zu *nutzen*.

TAKT VS. RHYTHMUS

Würden wir automatisch mehr im Einklang mit unserem eigenen (Bio)Rhythmus leben, wenn wir weniger planen würden? Bei den Ju/'hoansi konnte ich feststellen, dass, obwohl die Menschen mehr nach ihrem individuellen Rhythmus agieren können, es dennoch *einen* Gesellschafts-Rhythmus gibt, der allem übergeordnet ist. So kann man jederzeit ein Nickerchen einlegen, nachts auch mal zwei Stunden wach sein, um sich gleich darum zu kümmern, dass das Feuer nicht erlischt oder eine Sammel-Tour starten, wann immer man darauf Lust hat. All das passiert aber im

Rahmen eines klar abgesteckten Gesellschafts-Rhythmus, der sich wiederum an den Gegebenheiten des natürlichen Umfeldes orientiert. Er beginnt, sobald die Sonne aufgeht, orientiert sich weiter an den Temperaturen der unterschiedlichen Tageszeiten und endet, kurz bevor die Sonne untergeht.

In *WEIRD societies* muss eine große Anzahl an unterschiedlichen Gesellschafts-Rhythmen zusammenspielen. Von Schichtarbeiten in Fabriken, über Gastronomie, Schulen, Krankenhäuser, Nachtlokale – alle Bereiche haben ihre eigene Taktung. Und die Menschen, die in diesen Bereichen arbeiten, müssen sich daran anpassen. Gleichzeitig entsteht durch diese Form der Organisation das Gefühl, dass die Zeit nie still steht. Eine Nachtruhe, wie ich sie bei den Ju/'hoansi erlebt habe, kenne ich aus meinem kulturellen Setting nicht. Es scheint mir, als würde jede Stunde genützt. Für das Individuum hat es wohl den Effekt, den Alltag als sehr schnelllebig wahrzunehmen. Während wir schlafen, passieren viele Dinge und vor allem – und auch das ist ein großer Unterschied zum Leben bei den San – werden wir ständig damit konfrontiert. Digitale Medien haben es geschafft, das Raum-Zeit-Kontinuum so zu erweitern, dass wir früh morgens, direkt nach dem Aufwachen erfahren können, was auf der anderen Seite der Welt passiert ist, während wir schliefen. Ich kann am Frühstückstisch außerdem live miterleben, was gerade in einem Kriegsgebiet passiert. Es scheint, als würde diese Form von Gleichzeitigkeit die Uhr als Zeitmesser ablösen und uns auf einen nächsten Level heben: Zeit wird durch Verdichtung beschleunigt.[XLI] Mit dem Smartphone ist es jederzeit und allerorts möglich, mehrere Dinge, die an unterschiedlichen Orten passieren, quasi zeitgleich zu erleben. Die Uhr, die uns dabei hilft, alles nacheinander zu machen, verliert an Wichtigkeit.

Dennoch denke ich, geht es auch hier darum, die Komplexität, in der wir verstrickt sind, nicht nur als Bürde anzusehen. Die

Vorteile unserer globalen, vernetzten und komplexen Lebensrealität sind zahlreich. Anstatt einer Zurück-zum-Ursprung-Flucht sollten wir gemeinsam überlegen, wie wir diese Entwicklungen für uns nützen können. Und auch hier gilt es, den Menschen ins Zentrum der Überlegungen zu stellen.

KEINE MACHT DER PÜNKTLICHKEIT

Die Vorstellung, Unpünktlichkeit sei unhöflich, hat sich so eingeprägt, dass es uns schwerfällt, das anders zu sehen. Eine Lockerung der Pünktlichkeitsmoral (im Kopf) könnte aber neue Strukturen schaffen. „In einer immer stärker zeitverdichteten und komplexeren Gesellschaft kommt den Menschen immer häufiger Unerwartetes und Überraschendes ‚dazwischen'. Dies erfordert spontanes Reagieren, elastisches Handeln, mehr Flexibilität und damit eine Lockerung der Pünktlichkeitsmoral", so der Zeitforscher Karlheinz Geißler.[XLII]

Das ist bei den San viel eher möglich, denn sie verbinden unpünktlich sein nicht mit unhöflich sein, Zeit verschwenden, jemandem seine Zeit stehlen oder gar mit einem schlechten Gewissen. Im Vergleich zu ihrem Umgang mit Zeit wirkt die Konfrontation mit der eigenen Zeiteinteilung, als würden wir sie ad absurdum führen. Dennoch, Pünktlichkeit ganz aus unserem Alltag zu verbannen, ist wahrscheinlich nicht möglich. Zu viele Probleme würden auf uns zukommen. In manchen Situationen die Pünktlichkeitsmoral aufzulockern würde dennoch Sinn machen. So könnte man zum Beispiel flexible Arbeitszeiten für Eltern einführen, denn Kinder haben die Idee von Pünktlichkeit bekannterweise (noch) nicht verinnerlicht.

Eine interessante Idee, mit der die Pünktlichkeit im Arbeitskontext aufgelöst wurde, ist die „Chronotypenorientierte Personaleinsatzplanung", die 2019 im Zuge eines Pilotprojekts in der deutschen Klinik Wartenberg umgesetzt wurde. Chronobiologie untersucht die biologischen Rhythmen von Organismen, so auch von Menschen. Unter Berücksichtigung des Chronotypen – also dem eigenen biologischen Tagesrhythmus der Individuen – wurde die Arbeitszeit der MitarbeiterInnen dem Schichtbetrieb im Krankenhaus angepasst. So fingen manche schon eine Stunde früher an zu arbeiten, andere 30 Minuten später. Aber auch Essens- und Pausenzeiten wurden individuell angepasst, sofern möglich. Vollwertige Verpflegung gab es also in der Kantine von nun an nicht mehr nur zur Mittagszeit. Auf den ersten Blick mag es sich nach keiner großen Veränderung anhören, aber auf den zweiten Blick ergeben sich vor allem für starr organisierte große Unternehmen große Herausforderungen, sobald sie sie ihre Strukturen nach individuellen Befindlichkeiten ausrichten. Das Bedeutsame ist letztlich, dass man hier den Menschen und seinen Rhythmus ins Zentrum stellt. Es wurde beobachtet, dass die Veränderungen sich nicht nur auf die Arbeitszeit(en), sondern auch auf die Lebensgestaltung der MitarbeiterInnen auswirken. Ein Beispiel für eine menschen-zentrierte Form der Zeit-Einteilung, in der sich die Idee von Pünktlichkeit aufzulösen scheint.

ZEIT IST GELD

Zeit ist Geld – dieses Mantra durchzieht viele Lebensbereiche der Menschen in *WEIRD societies*, darunter auch die Karenz-Zeit. Wer nimmt sich Zeit für die Kinder und wer bekommt Zeit zum Arbeiten? Ein Thema, das es in dieser Form bei den Ju/'hoansi nicht gibt. Während Säuglinge viel Zeit mit den Müttern verbringen, betreuen sich (Klein-)Kinder untereinander beziehungsweise sind unter den Fittichen mehrerer Bezugspersonen. Abgesehen davon verhält es sich bei der Sache mit der Care-Zeit ähnlich wie mit Arbeits-Zeit, diese Zeiten fließen ineinander und werden konzeptuell nicht getrennt. In dem Setting, in dem ich aufgewachsen bin, ist die Karenz-Zeit eine ganz spezielle. So wird sie zum einen verteufelt, weil sie so anstrengend ist. Gleichzeitig wird ihr nachgetrauert, weil sie viel zu kurz ist. Man kann Angst vor ihr haben oder ihr mit großer Vorfreude entgegenfiebern. Karenz-Zeit ist eine ambivalente Zeit, die viele verschiedene Farben annehmen kann. Meist jedoch werden Frauen damit konfrontiert. Dennoch beziehungsweise wahrscheinlich gerade deshalb ist sie im Visier politischer und gesellschaftlicher Debatten der Gleichberechtigung. Für Familien steht sie in enger Verbindung mit dem Einkommen der beiden Elternteile. Wer weniger verdient, kümmert sich um die Nachkommen. Männer verdienen tendenziell mehr, so ergibt sich ein logischer Schluss. Denn Zeit ist auch in diesem Fall Geld. Und Geld, das ist anscheinend ungeschriebenes Gesetz, hat oberste Priorität. Warum ist die Entscheidungsgrundlage nicht Zeit? Die Rede ist von jenen Fällen, in denen es um Mütter und Väter geht, die es sich leisten könnten, für mehrere Monate ein paar hundert Euro weniger in die Haushaltskasse einzuzahlen. Jene, die freie Wahlmöglichkeit hätten. Dass Zeit Geld ist, sitzt tief. Die Frage drängt sich auf: Ist Zeit mit geliebten Menschen zu verbringen verlorenes Geld? Wir sind alle dazu eingeladen, den Wert von Zeit für uns (neu) zu definieren.

Über Naturverbundenheit

Auch bei der vermeintlichen *Verbindung zur Natur* geht es um die Verbindung zu unseren Mitmenschen, dazu später mehr. In erster Linie geht es aber darum zu erkennen, dass die Verbindung zwischen Natur und dem Menschen nichts mit einem Urzustand zu tun, sondern unausweichlich gegeben ist, zu jeder Zeit an jedem Ort. In diesem Sinne haben wir sie nicht verloren, sondern sind uns ihrer momentanen Definition anscheinend nicht ganz sicher. Naturverbundenheit bei den Ju/'hoansi hat mit ExpertInnenwissen zu tun, nicht mit einem mystischen, ungreifbaren *Gespür*. Vor allem ist sie ihnen nicht per se angeboren. Müsste eine San von einem auf den anderen Tag im Lebensraum der Inuits leben, wäre ihre „Verbindung zur Natur" schnell abgerissen. Denn ihre Verbindung funktioniert nur in ihrem (kulturellen) Lebensraum, nicht in der Natur an sich. So logisch das klingen mag, werde ich dennoch sehr oft mit dieser Thematik konfrontiert. Erzähle ich von meinen Forschungen, begegne ich immer wieder Menschen, die mir mit wehmütigem Blick erklären, dass Jäger und SammlerInnen, im Vergleich zur eigenen Gesellschaft, sich glücklich schätzen könnten, denn sie führen ein Leben, in dem sie die Verbindung zur Natur *noch* aus-leben könnten. Es mag sein, dass Individuen in *WEIRD societies* oftmals das Gefühl beschleicht, sie hätten keine direkten Überschneidungspunkte mit ihrer Umwelt. Ihr Leben in Großstädten, Hochhäusern und Autos schneidet sie mehr oder weniger ab von der Natur. Das bedeutet aber nicht, dass die übergeordnete Gesellschaft nicht in eine *Umwelt* eingebettet ist. Sich als Großstädter, als KosmopolitIn als Teil einer technologisierten Gesellschaft als isoliert von der Natur zu betrachten, ist eine Fehleinschätzung. Ein Trugschluss, der wohl auch in Zusammenhang mit der globalen Klimakrise steht.

TECHNOLOGIE VS. NATUR

Auch der amerikanische Journalist und Autor Richard Louv spricht von dieser verlorenen Verbindung. Mehr noch betont er aber das *Natur-Defizit-Syndrom*. In seinem internationalen Bestseller „Last Child in the Woods" schreibt er darüber, dass Kinder Natur brauchen würden, um von den Krankheiten der Zivilisation geheilt zu werden. Dazu zählen aus seiner Sicht Hyperaktivität, Computersucht und Bereitschaft zur Gewalt. Gründe dafür, so Louv, sei die Ferne zu Natur und Wald. Er betont, „umso technologisierter wir als Gesellschaft werden, umso mehr Natur brauchen wir". Meine Antwort: Umso mehr wir das Gefühl haben, Natur zu brauchen, umso mehr Technologien werden wir entwickeln, um dieses Ziel zu erreichen. Denn auch hier drängt sich die Frage auf: Geht es uns um die Sehnsucht nach Natur oder um das in der Natur sein selbst? Geht es um letzteres, könnten wir ohne großen Aufwand jeden Tag eine Stunde im naturnahen Raum spazieren gehen. Was wir jedoch tun ist, unsere Kinder mit Virtual-Reality-Brillen auf digitale Wiesen zu schicken, Flüge in Richtung Strand zu buchen und „Waldbaden" in teuren Kursen anzubieten.

Offensichtlich müssen wir uns zuerst darüber klar werden, was Natur für uns bedeutet und was wir von ihr wollen. Ich denke, Technologie und Natur sollten sich nicht gegenüberstehen wie zwei altbekannte Feinde. Vielmehr sollten wir Technologie dort einsetzen, wo sie uns sinnvolle Möglichkeiten bietet, Natur zu erleben. Die Industrialisierung und der damit ausgelöste technische Wandel werden oft für den „Verlust" verantwortlich gemacht. Technologien werden verflucht und der Natur gegenübergestellt. Doch ist das zielführend? Der Mensch war schon immer jene Spezies, die Technik zu Hilfe nahm, um Natur nutzbar zu machen. Ein Speer, Feuersteine oder Straußeneier, die als Wasserbehälter dienen, tun genau das. Das Thema, dem wir uns heute stellen müssen, ist: Wie und wo setzen wir Technologie auf eine für uns sinnvolle Art und Weise ein? Auch bei den San ist Technologie ein ständiger Begleiter des Alltags. Man setzt sie ein, um an natürliche Ressourcen zu gelangen. Der Unterschied dort: Man hört auf damit, sobald alle genug haben.

Wir sollten uns also wegbewegen von der Idee, dass Kultur uns geißelt, in dem Sinne, dass sie uns die Natur wegnimmt oder vorenthält – denn wir könnten auch kulturelle Praktiken entwickeln, die Natur in unser Leben einbinden. So könnte es zum Beispiel in Zukunft ein Natur-Recht geben, also ein Gesetz, das besagt, dass jede Person mindestens eine Stunde pro Tag in einem naturnahen Raum verbringen können muss. Werden sich Waldkindergärten vom Ausnahmefall in ein Standard-Setting verwandeln? Wird ein 40-Stunden-Job in Zukunft aus 20 Stunden Home-Office, 10 Stunden Company-Office und 10 Stunden Natur-Office bestehen? Wird man in Krankenhäusern zwischen Outdoor- und Indoor-Room wählen können? Anstatt zu leiden und sich vor Augen zu führen, dass man etwas verloren hätte, können wir heute damit beginnen, als Einzelperson, als ArbeitgeberIn, als Eltern darüber nachzudenken, wie wichtig uns Natur ist und inwiefern wir Zeit im Draußen für andere schaffen oder für uns selbst nutzen wollen.

Kommen wir auf das Defizit zurück, das Louv anspricht. Ich erkenne es an einer anderen Stelle. Das Fazit, das ich zum Thema Naturverbundenheit durch meine Forschungen mit den Ju/'hoansi ziehe, ist: Was wir glauben, in der Natur verloren zu haben, betrifft eigentlich unseren Sinn für Gemeinschaft.

Es geht weniger um ein Natur-Defizit-Syndrom als um ein Gemeinschafts-Defizit-Syndrom. Überlegt man sich eine Erklärung für die steigenden Computer-Spiel-Stunden bei Kindern, ist man gedanklich schnell bei der geringer werdenden Zeit der Kinder in der Natur. Es ist jedoch mehr als das. Ein Setting, in dem man immer von Menschen umgeben ist, in dem immer Kinder da sind, in dem immer Eltern, Onkel, Tanten oder Großeltern um einen sind, ist kein Setting, aus dem Kinder in eine virtuelle Welt flüchten wollen würden. Zumindest haben die allermeisten nicht die Tendenz dazu.

Bei den San steht Community im Vordergrund, das ist auf allen Ebenen der Gesellschaft verankert. Dadurch ergibt sich zwar auch das Ausbleiben einer Privatsphäre oder die Tatsache, dass es keinen Begriff für Individuum gibt. Ein Gemeinschafts-Defizit-Syndrom könnte sich dort hingegen nicht ergeben.

Über Eigentum

Die Tatsache, dass wir in *WEIRD societies* Autos via Car-Sharing, Wohnungen via AirBnB, Büros via Co-Working teilen, versprüht auch eine Art Gemeinschaftssinn. Es wird ein Bild gezeichnet, das uns dabei darstellt, wie wir Gemeinschaft – wieder – aufleben lassen, zusammenhalten, teilen, einander vertrauen. Der große Unterschied zu Co-Living und Co-Working zu den Jägern und SammlerInnen liegt hier jedoch darin, dass die Autos, die Wohnung, die Büros jemandes Eigentum sind. Eigentum, das geteilt wird und weitere scheinbare BesitzerInnen bekommt.

Denken wir an die Fleischverteilung bei den San, erinnern wir uns, dass durch die ritualisierten Verteilungsprozesse die Entwicklung einer Ungleichheit von Macht, Reichtum und Status gehemmt wird. Im Falle der modernen Sharing-Modelle in WEIRD societies ist das Gegenteil der Fall. Durch diese, unsere Art des Teilens wird an einem Ende mehr erwirtschaftet. Ist diese Art des Teilens eine adäquate Anpassung an unsere Gesellschaft?

Eine Sache, die direkt in den Alltag integriert werden kann, ist das Unmittelbarkeits-Prinzip. Im Hinblick auf Konsum können wir uns fragen: „Kann ich das wirklich brauchen?" Jäger und SammlerInnen streben nicht nach mehr Dingen und stellen Gebrauchsgegenstände erst dann wieder neu her, wenn sie wirklich gebraucht werden. Einen Bogen auf Vorrat herzustellen, macht keinen Sinn, eine Hütte baut man nicht ohne unmittelbaren Zweck. Diese Überlegungen könnten wir ebenfalls anstellen, mit dem Ziel, weniger anzuhäufen und weniger Druck zu verspüren, Zeit in Geld umzuwandeln, um jenes schließlich wieder in mehr Besitz umzuwandeln.

Vielleicht hilft es manchen, die eben diesen Druck, immer mehr (Geld, Besitz, Prestige) haben zu wollen, als schwere Last auf ihren Schultern spüren, zu erfahren, dass dieser Zustand kein *natürlicher* oder universeller ist. Er muss uns im Umkehrschluss also auch nicht definieren.

Über Gewaltbereitschaft

Wie steht es in diesem Sinne um Gewaltbereitschaft – ist sie eine evolutionär hervorgebrachte Anpassung oder modernes Verhalten? Und wie steht sie in Zusammenhang mit der Natur des Menschen? Ja, Menschen führen Kriege und können auf einer individuellen Ebene gewaltbereit sein, aber da Krieg in einigen kulturellen Kontexten, wie in steinzeitlichen sowie modernen Jäger-SammlerInnen-Gesellschaften, de facto nicht vorkommt, kann nicht von der *Natur* des Menschen gesprochen werden. Die schlechte Nachricht: Wissenschaftliche Erkenntnisse zeigen, Kriege und gewaltsame Auseinandersetzungen auf gesellschaftlicher Ebenen wurden und werden im Laufe der Geschichte der Menschheit immer mehr. Die gute Nachricht: Krieg liegt nicht in der Natur des Menschen, sondern vielmehr in seiner Kultur. *Der Mensch an sich* ist nicht hier, um Krieg zu führen. Das heißt im besten Fall, wir sind nicht dazu verdammt, uns diesem Phänomen ohnmächtig hinzugeben, á la *so sind wir eben*. Dass es dennoch kein leichtes Unterfangen ist, sich gesamtgesellschaftlichen Entwicklungen entgegenzusetzen, das wissen wir natürlich auch.

Biologistische und evolutionspsychologische Erklärungen für soziale Phänomene kommen auch außerhalb der Thematik von Gewaltbereitschaft vor. Fehlschlüsse und Erklärungen, die, wenn man sie genauer überprüft, nicht haltbar sind, begegnen uns im Alltag als Klischees immer wieder. Da wäre zum Beispiel *der Mann*, der, von seinen Trieben gesteuert, ständig um Frauen buhlt und gleichzeitig dazu gemacht ist, seine Familie zu ernähren, weil er das seit seiner Zeit als Jäger ja immer schon so gemacht hätte. Bilder vom *typischen Mann*, die in verschiedenen Kontexten immer wieder bedient werden. Sie sind schnell zu entkräften. Wir wissen heute, dass in steinzeitlichen Jäger-SammlerInnen-Gesellschaften nur rund 30% der Nahrung aus Fleisch bestand, 70% aus Pflanzennahrung. Wir wissen auch, dass Frauen einen beträchtlichen Teil der Sammeltätigkeit übernommen haben. Und wir wissen aus der rezenten Jäger-SammlerInnen-Forschung, dass Monogamie, also das Kernfamilien-Modell bestehend aus Mutter, Vater, Kind(ern) der Normalfall ist und das auch in steinzeitlichen Gesellschaften so war. Sich bei anfallender Kritik von rezentem Verhalten oder gesellschaftlichen Strukturen auf biologische oder evolutionspsychologische Faktoren zu stützen, ähnelt demnach mehr einer Ausrede als einer wissenschaftlichen Erklärung.

Oder auch das Bild *der Mutter.* Sie, so die Annahme, müsse als Frau, Gebärende und Nährende die Hauptversorgerin eines Kindes sein. Dass diese Erklärung aber auch fest verwoben ist mit gesellschaftlichen Strukturen und die Biologie auch in diesem Fall bis zu einem gewissen Grad ein Legitimationsgrund für jene ist, muss stets mitgedacht werden. Denn Vorstellungen wie diese ziehen eine Vielzahl an gesellschaftlichen Konsequenzen nach sich und machen sich strukturell bemerkbar.

So manche Menschen aus den WEIRD societies wären außerdem überrascht, wie gleichberechtigt der Alltag bei den Ju/'hoansi abläuft. Der große Unterschied ist hier, dass es zwar Tätigkeiten gibt, die eher den Frauen und andere, die eher den Männern zugeschrieben sind, jene aber nicht unterschiedlich be- und gewertet werden. Alle bringen sich ein und tragen ihren Teil zum Gemeinschaftsleben bei. Jagen ist nicht besser beziehungsweise höher angesehen. Sammeln ist keine minderwertige Arbeit. Care-Arbeit leisten alle.

Die Idee der „angeborenen Tendenzen" sowie auch die Steinzeit-Logik darf also in vielen Fällen als verdächtig wahrgenommen werden und hinterfragt werden. Dabei sollten wir uns stets an den Anthropologen Marshall Sahlins erinnern, der sagte: „Wir werden mit dem Rüstzeug geboren, 1000 verschiedene Leben zu leben, obwohl wir letztlich doch nur eines führen."

Dabei sollte außerdem der Bekanntheitsgrad gewisser Ereignisse und Forschungsergebnisse uns nicht täuschen. Er garantiert nicht, dass es sich um allumfassende Wahrheiten handelt. Am Beispiel der Forschungen von Jane Goodall und Steven Pinker haben wir gesehen, dass weltweite Bekanntheit nicht immer mit der Schlüssigkeit von Argumenten korreliert. Daten bekommen mehr oder weniger Aufmerksamkeit je nach dem sozio-politischen Kontext, in dem sie präsentiert werden. Auch wissenschaftliche Debatten sind immer eingebettet in einen Kontext.

DER GLAUBE AN DIE MENSCHHEIT

Die Sache mit dem Menschen ist zu komplex, als ihn nur auf seine Biologie zu reduzieren, sie ist aber auch zu komplex, als ihn nur auf seine Kultur zu reduzieren. Letztlich müssen wir akzeptieren, dass schnelle, einfache, logisch-erscheinende Erklärungen nicht immer die richtigen sind. Wir leben in einer Welt, in der man oft keine Zeit hat für lange Erklärungsprozesse. Deswegen haben vielleicht auch manche LeserInnen so manche Seiten hier übersprungen. Es ist mir jedoch ein Anliegen, gewisse Sachverhalte durchzuargumentieren und darüber zu schreiben, dass der Mensch eben nicht so einfach und eindeutig zu erklären ist. Sein Handeln auf „seine Natur" zurückzuführen oder auf ein überliefertes Steinzeit-Verhalten wäre oft der schnellere, aber meist nicht der richtige Weg im Sinne einer objektiven Wahrheitsfindung. Wissenschaft ist anstrengend, dauert oft lang und bietet am Ende nicht immer befriedigende Antworten. Und daran führt auch kein Weg vorbei. Es gibt keine Abkürzung, wenn es darum geht, den Menschen in all seinen Facetten verstehen zu wollen.

Was wir tun können: den Glauben an die Menschheit nicht verlieren (auch wenn aus aktueller Sicht kriegerische Auseinandersetzungen im Laufe der Geschichte zunehmen). So pathetisch es klingen mag, wir brauchen einander, und das Einzige, das wir tun können, ist es, unsere Zeit der Gemeinschaft zu widmen und unseren Beitrag zu ihrem Funktionieren zu leisten, egal ob im Rahmen kleiner oder großer Gesten. Fest steht, würde man jede einzelne Person fragen, die in eine kriegerische Auseinandersetzung involviert ist, ob sie Gewalt an anderen Menschen ausüben will, würde der Großteil diese Frage wahrscheinlich mit Nein beantworten. Die Antworten darauf, warum es trotzdem passiert und sie dennoch involviert sind, sind komplexere.[XLIII] Das ändert nichts daran, dass der Mensch, wie der Historiker Rutger Bregman im gleichnamigen Buch zeigt, „im Grunde gut" ist.

Fazit: RealistInnen sind nicht weltfremd

Für sich persönlich ein neues Menschenbild zu etablieren, dient dazu, sich frei(er) zu fühlen und sich mit einer ordentlichen Portion Zuversicht auszustatten. Eine Haltung, die sehr rar geworden ist, die jedoch erforderlich ist, um sich aktiv einzubringen. Es scheint, als gäbe es eine ganze Lobby, die versucht, Zuversicht aus dieser Welt zu verbannen. Wer kennt es nicht, dieses latent schlechte Gewissen, wenn man positive Nachrichten mit der Welt teilen möchte. Dieses ungute Gefühl, wenn man in einer Diskussionsrunde versucht, klarzumachen, dass die Welt nicht einfach nur ein schlechter Ort ist und die Menschen nicht alle egoistisch und machtgierig sind. Von dieser unsichtbaren Lobby sollte man sich jedoch nicht beeinflussen lassen. Fakt ist, sie wird bleiben, aber man selbst kann den Fokus von ihr wegbewegen und sich auf eine zuversichtliche Sicht auf die Dinge konzentrieren. Ja, wir dürfen zuversichtlich sein. Ein Satz, der sich im Hinblick auf das Weltgeschehen irritierend anhören mag. Es geht hier nicht darum, Dinge schönzureden oder so zu tun, als gäbe es ab morgen den Klimawandel, politische Unruhen, Kriege oder Diskriminierung nicht mehr. Es geht darum, sich in Erinnerung zu rufen, dass der Mensch dem Menschen vertrauen kann. Denn genau dazu sind wir letztlich gemacht. Wir sind evolutionär mit dem Bauplan ausgestattet, gut – auch und vor allem zueinander – zu sein. Anders hätten wir es im Laufe der letzten 300.000 Jahren nicht bis hierhergeschafft.

Der Historiker und Journalist Rutger Bregman schreibt, dass wir in einer Welt leben, in der das Gute verdächtig ist. Der Realist, so Bregman, ist im heutigen Sprachgebrauch zum Zyniker geworden, zu jemandem mit einem düsteren Menschenbild.[XLIV] Das ist erschreckend und mag bedrückend wirken, vor allem aber ist es ein falsches Bild, das hier vermittelt wird. Deswegen plädiere ich für ein neues Menschenbild. Es ist an der Zeit, wieder neu auf den Menschen zu blicken. Zu verstehen, dass er nicht verdorben ist von dem kulturellen Setting, in das er sich hineinmanövriert zu haben scheint. Es ist an der Zeit, die Idee vom natürlichen und optimalen Ursprungszustand hinter uns zu lassen.

Der oder die Realistin ist jene Person, die nicht das Bild vom Menschen übernimmt, das sie über Medien, Alltagskultur oder die Politik vermittelt bekommt. RealistInnen machen sich ihr Bild vom Menschen selbst. Wie? Indem sie Fragen stellen und gleichzeitig der Wissenschaft vertrauen. Es gibt Fragen, die können wir mit Hilfe von Wissenschaft erklären und Probleme, die wir mit ihrer Hilfe lösen können. Das haben uns zwei Jahre Pandemie gezeigt. Und dazu sind wir letztlich evolutionär auch gemacht. Geht es um ein neues Menschenbild, gilt es, kultur-philosophische Debatten zu eröffnen. Sich um diese zu bemühen ist wohlmöglich die bestinvestierte Energie, sowohl im Hinblick auf die eigene Lebenszeit als auch im Hinblick auf die Gemeinschaft. Im Laufe dieses Prozesses wird man an einem Punkt angelangen, an dem man sich fragt, wer tatsächlich weltfremd ist: der Zyniker oder die Realistin? Und so macht man sich bereit für die Gegenwart. Die Zukunft folgt dann ganz von selbst.

„Utopien beginnen immer mit kleinen Experimenten, die langsam die Welt verändern."
Rutger Bregman

DANKE

Meinen Dank im Zusammenhang mit der Entstehung dieses Buches möchte ich an folgende Menschen richten:

An die Ju/'hoansi, die mir dabei helfen, die Welt mit neuen Augen zu sehen.

An Louis Liebenberg und Khaled Hakami, die mich in die Praxis und Theorie der Jäger- SammlerInnen-Forschung eingeführt haben.

An meine Eltern und meinen Bruder, sowie den gesamten Clan, die mich alle immerfort unterstützen und mir den Rücken stärken.

An meinen Partner, der unermüdlich an mich glaubt und ohne den ich all das, was ich tue, nicht tun könnte.

An meine kleine Tochter, die mich jeden Tag in meiner Vision bestärkt, dass Frauen mitreden müssen, wenn es darum geht, die Welt zu erklären.

Anhang

I   Detaillierte Ausführungen dazu findet man im Grundlagenwerk White, Leslie A. 1949. The science of culture. New York: Farrar, Straus and Co.

II   Sahlins, Marshall. Das Menschenbild des Westens – ein Missverständnis? Matthes und Seitz. Berlin: 192.

III   Mehr zu diesem Thema in: Kelly, Robert L. 2013. The Lifeways of Hunter-Gatherers: The Foraging Spectrum. Cambridge University Press.

IV   Woodburn, James. 1982. Egalitarian Societies, in *Man* 17 (3): 431–451.

V   Headland, Thomas et al. 1990. Emics and Etics: the Insider/Outsider Debate. Sage Publications: 130f.

VI   Henrich, Joseph. 2010. The weirdest people in the world?, in Behavioral and Brain Sciences (33): 61–135.

VII   https://chags.univie.ac.at/

VIII   https://www.bbc.co.uk/programmes/b0b09812

IX   Diese und mehr Informationen zur Geschichte der Ju/'hoan San sind zu finden bei: Biesele, Megan / Hitchcock, Robert. 2011. The Ju/'hoan San of Nyae Nyae and Namibian Independence: Development, democracy, and indigenous voices in Southern Africa. New York: Berghahn.

X   https://cybertracker.org

XI   Nater, Alexander, et al. 2017. Morphometric, Behavioral, and Genomic Evidence for a New Orangutan Species. in, *Current Biology* 27 (22).

XII   https://www.theguardian.com/science/2018/feb/20/homo-erectus-may-have-been-a-sailor-and-able-to-speak

XIII   Richter, Daniel, Grün, Rainer, et al. 2017. The age of the hominin fossils from Jebel Irhoud, Morocco, and the origins of the Middle Stone Age, in *Nature* 546 (7657): 293–296.

XIV   Jobling, Mark L., et al. 2014. Human Evolutionary Genetics. Garland Science: 300.

XV   Liebenberg, Louis. 2013. The Origin of Science. Cyber Tracker.
          Südafrika: 72.

XVI   Ebenda: 20.

XVII   Ebenda: 138.

XVIII   Lombard, M. / Phillipson, L. 2010. Indications of bow and stone-
          tipped arrow use 64 000 years ago in KwaZulu-Natal, South Africa,
          in *Antiquity* 84 (2010): 635–648.

XIX   Brown, K.S. et al. 2012. An early and enduring advanced technology
          originating 71,000 years ago in South Africa, in *Nature* 491: 590–593.

XX   Randall Haas et al. 2020. Female hunters of the early Americas, in
          Science Advances 6 (45).

XXI   Liebenberg, Louis. 2013. The Origin of Science. Cyber Tracker.
          Südafrika: 140.

XXII   Suzman, James. 2021. Sie nannten es Arbeit: eine andere Geschichte
          der Menschheit. C.H. Beck Verlag: München.

XXIII   Ebenda: S.12–14.

XXIV   Woodburn, James. 1998. Sharing is not a form of exchange: an analysis
          of property-sharing in immediate-return hunter gatherer societies, in
          Hann, M. 1998. Property Relations: Renewing the Anthropological
          Tradition. Cambridge University Press: Cambridge. Woodburn,
          James. 1982. Egalitarian Societies, in Man 17(3): 431–451.

XXV   https://www.deutschlandfunkkultur.de/die-evolution-nach-rutger-
          bregman-warum-der-mensch-von-100.html

XXVI   Power, Margaret. 1991. The Egalitarians Human and Chimpanzees:
          An Anthropological View of Social Organization. CUP: New York.

XXVII   Ferguson, Brian. 2013. „Born to Live: Challenging the Killer Myth",
          in, Sussman, Robert W. / Cloninger, C. Robert. 2013. Origins of
          Altruism and Cooperation. Springer. New York.

XXVIII   Haas, Jonathan/ Piscitelli, Matthew. 2013. The Prehistory of Warfare:
          Misled by Ethnography, in Fry, Douglas. 2013. War, Peace, and
          Human Nature: the convergence of evolutionary and cultural views.
          Oxford University Press.

XXIX Mehr Informationen zur Debatte zu finden in:

- Lee, Richard. 2014. Hunter-gatherers on the best-seller list: Steven Pinker and the "Bellicose School's" treatment of forager violence, in Journal of aggression conflict and peace research 6 (4): 216-228.
- Fry, Douglas. 2013. War, Peace, and Human Nature: the convergence of evolutionary and cultural views. Oxford University Press.
- Ferguson, Brian. 2013. Pinker's list: exaggerating prehistoric war mortality, in Fry, Douglas. 2013. War, Peace and Human Nature. Oxford University Press: Oxford: pp. 112–31.

XXX „Yanomami: The Fierce People" ist ein Buch von Napoleon Chagnon, das in der Anthropologie bis heute für kontroverse Diskussionen sorgt. Im Kern geht es hier um die Frage: Ist der Mensch von Natur aus gewaltbereit oder nicht?

XXXI Lee, Richard. 2014. Hunter-gatherers on the best-seller list: Steven Pinker and the "Bellicose School's" treatment of forager violence, in, *Journal of aggression, conflict and peace research* 6(4): 216–228.

XXXII Interview vom 18.01.2021, Übersetzung aus dem Englischen

XXXIII Westcott, M.R. 1968. Toward a Contemporary Psychology of Intuition. Holt: New York.

XXXIV Liebenberg, Louis. 2013. The Origin of Science. Cyber Tracker. Südafrika: 64ff.

XXXV Mehr Details sind zu finden in Sahlins, Marshall. 2017. Das Menschenbild des Abendlandes – ein Missverständnis? Matthes & Seitz Berlin.

XXXVI Sahlins, Marshall. 2017. Das Menschenbild des Abendlandes – ein Missverständnis? Matthes & Seitz Berlin.

XXXVII Original: De Cive

XXXVIII Sahlins, Marshall. 2017. Das Menschenbild des Abendlandes – ein Missverständnis? Matthes & Seitz Berlin: 26-27.

XXXIX Ebenda: 16.

XL Graeber, David / Wengrow, David. 2022. Anfänge: eine neue Geschichte der Menschheit. Klett-Cotta. Stuttgart: 141.

XLI	Harald Lesch, Karlheinz A. Geißler, Jonas Geißler. 2021. Alles eine Frage der Zeit. Oekom.
XLII	Ebenda.
XLIII	Autoren, die sich mit diesem Thema auseinandersetzen, sind die Anthropologen Brian Ferguson und Douglas Fry, sowie der Historiker Ilja Stefflbauer.
XLIV	Bregman, Rutger. 2021. Utopien für Realisten. Rowohlt Taschenbuch Verlag, p. 430ff.

www.kremayr-scheriau.at

ISBN 978-3-218-01309-3

Copyright © 2022 by Verlag Kremayr & Scheriau GmbH & Co. KG, Wien

Alle Rechte vorbehalten

Schutzumschlaggestaltung, typografische Gestaltung und Satz: Christine Fischer
unter Verwendung einer shutterstock-Grafik (MJgraphics), bearbeitet von S.R. Ayers
Reihen-Konzept: Stefanie Jaksch
Druck und Bindung: FINIDR s.r.o., Český Těšín